心について考えるための心理学ライブラリ

9

環境心理学の視点
暮らしを見つめる心の科学

芝田 征司 著

サイエンス社

監修のことば

　本ライブラリの主目的は，心について考える視点，きっかけを読者に提示するということにあります。教科書という位置づけではありますが，一般書，専門書としての機能も併せ持つ，数巻から成る心理学の書籍群です。

　心理学の教科書は，多くの場合，よく知られた理論，概念，先行研究に言及し，解説していくことが通例ですが，読者にとっては，それらが他ならぬ自身の心とどのような関係があるのか，つかみがたいことも多いと思います。読者が，大学1年生など若い場合は，なおのことそうかもしれません。中には，自発的に自身の心と関連づけて思考を深めるケースもあるとは思いますが，なかなか難しいことのように思います。そこで，本ライブラリでは，各章において，基礎的事項の解説後，その事項と読者の心を関連づけるような「問題」をいくつか設定し，その問題に対する著者なりの「解説」も示します。本ライブラリの特徴の一つは，著者の色を発揮して，読者に訴えかける内容にするという点にあります。

　心理学の教科書は数多く刊行されています。さまざまな工夫がそれぞれにおいてなされており，新しいコンセプトを打ち出すことはもはや限界かもしれません。今から約50年前に刊行されたある心理学概論書のはしがきには，戦後おびただしい数の心理学概論書が出版されていることが記されています。当時，すでにこうした記述がなされていることに驚きますが，この状況は半世紀近く経った今ではより一層当てはまると思います。しかし，そうであっても，今なお，書籍を通して心理学の魅力を伝え，一般読者に心について考えるための素材を提供し，また専門家に対して著者の見解を提示することで新たな視点を創出することはできると考えています。

監修者　村井　潤一郎

まえがき

　本書を手にとられた方の大部分は，大学などで心理学基礎の講義を受けた経験があることでしょう。ですから，すでに何冊か心理学のテキストを読んだことがあるはずです。では，それらのテキストを読んだときのことを思い出してみてください。テキストを読んでいる間，そこに書かれていた内容をどの程度身近に感じたでしょうか。それらはどの程度自分に関連のあることだと感じられたでしょうか。おそらく多くの人は，テキストの内容が自分にとって身近なものだとは考えもしなかったのではないでしょうか。

　もともと心理学は人間の心や行動についての学問であり，私たちにとって非常に身近なものであるはずです。ところが，テキストの中で「〇〇理論」や「△△効果」という形で説明されると，なんだか難しいもののように感じられ，身近さが薄れてしまいがちです。より専門的なテキストではそれでもいいのかもしれませんが，少なくとも入門書においては，心理学を身近に感じてもらうこと，心理学は日常のさまざまな場面で役に立ちそうだと感じてもらうことはとても大事なことだと思います。

　そこで本書では，さまざまな考え方を説明する際にできるだけ身近でありふれた日常の場面を例として取り上げ，「そうそう，あるある」「ああ，あれはこういうことだったのか」「今まで気づかなかったけれど，言われてみればそうだな」といった体験ができるように心がけました。そうした体験が，本書の内容をより身近なものとして感じてもらうために重要だと考えたからです。

　じつは「環境心理学」のテキストは，環境心理学が心理学の一領域として確立して間もない頃（1970年代）に翻訳書も含めていくつか出版されています。学問領域にも時代による流行り廃りのようなものがあり，また新しい発見や理論が次々に出てきますので，できれば数年間隔ぐらいに新しいテキストが出てくるとよいのですが，残念ながらその後しばらくは環境心理学の

まえがき

テキストはほとんど出版されませんでした。

　しかし2000年代に入ると，環境心理学の認知度が高まり，日本でも多くの大学で環境心理学の授業が開講されるようになったこともあってか，新しい「環境心理学」のテキストが何冊か出版されるようになりました。現在，さまざまな大学の授業の中で教科書や参考図書として用いられているもののほとんどは，これら2000年代に入ってから出版されたテキストでしょう。

　ただ，出版が増えたといっても他の心理学領域に比べればまだまだ数は少なく，選択肢はそれほど多くありません。しかもその多くは，かなり専門的な内容が含まれたもので，入門書といえそうなものはごくわずかです。そこで本書では，まず環境心理学に興味をもってもらえるような，そして環境心理学を通じて心理学全体の面白さを感じてもらえるような入門書を目指しました。また，すでにあるテキストの焼き直しにならないよう，できるだけ新しい内容も盛り込むようにしました。

　なお，環境心理学が取り扱う範囲には，知覚や認知といった心理学的な内容のほか，建築学や犯罪学，社会学など，さまざまな領域に関連した内容が数多く含まれており，とても一人でそれらのすべてをカバーしきれるものではありません。本書で取り上げた内容は環境心理学のすべてではなく，その一部でしかないですし，取り上げた内容については，その記述には著者なりの考えや解釈が反映されています。また，入門書であるということを考慮して，文献の引用は必要最小限に留めてあります。ですから，もし本書の内容に興味（あるいは疑問）を感じた場合には，ぜひ各章末にあげた参考図書など，本書以外のテキストを読んでみてほしいと思います。

　普段あまり気にすることはないかもしれませんが，私たちの日常生活の中には，心理学研究の対象となり得るような事柄がたくさん存在しています。本書を通じ，何気ない日常の中に知的探求のきっかけを見つける楽しみを感じとっていただけると嬉しく思います。

　　2016年6月

　　　　　　　　　　　　　　　　　　　　　　　　芝田　征司

目　次

まえがき ……………………………………………………………………… i

第1章　環境と心理学　1

1.1　環境心理学の研究テーマ …………………………………………… 1
1.2　心理学における「環境」……………………………………………… 2
1.3　人間-環境関係の基礎 ………………………………………………… 5
1.4　まとめ ………………………………………………………………… 12
　　問　　題 ………………………………………………………………… 13
　　解　　説 ………………………………………………………………… 16
　　参考図書 ………………………………………………………………… 20

第2章　環境の知覚と認知　21

2.1　環境の知覚 …………………………………………………………… 21
2.2　環境の認知 …………………………………………………………… 25
2.3　空間知識の利用 ……………………………………………………… 31
2.4　まとめ ………………………………………………………………… 35
　　問　　題 ………………………………………………………………… 36
　　解　　説 ………………………………………………………………… 39
　　参考図書 ………………………………………………………………… 46

第3章　環境と対人行動　47

3.1　パーソナルスペース ………………………………………………… 47
3.2　テリトリー …………………………………………………………… 55
3.3　クラウディング ……………………………………………………… 58
3.4　プライバシー ………………………………………………………… 60

3.5 まとめ ··· 62
問　題 ··· 64
解　説 ··· 67
参考図書 ·· 71

第4章　環境と心身の健康　73

4.1 環境とストレス ··· 73
4.2 環境と癒し ··· 79
4.3 まとめ ··· 85
問　題 ··· 87
解　説 ··· 90
参考図書 ·· 94

第5章　環境と住まい　95

5.1 住環境 ··· 95
5.2 近隣・地域 ··· 102
5.3 都市環境 ··· 108
5.4 まとめ ··· 111
問　題 ··· 113
解　説 ··· 116
参考図書 ·· 120

第6章　環境と労働・学び　121

6.1 職場環境 ··· 121
6.2 学校環境 ··· 127
6.3 まとめ ··· 134
問　題 ··· 135
解　説 ··· 138

参　考　図　書 ……………………………………………………………… 142

第 7 章　環境と安全・安心　143

- **7.1**　犯罪の地理的分析 ……………………………………………… 143
- **7.2**　環境の特徴と犯罪予防 ………………………………………… 148
- **7.3**　地域コミュニティと防犯 ……………………………………… 154
- **7.4**　環境と犯罪不安 ………………………………………………… 155
- **7.5**　ま と め ………………………………………………………… 156
- 問　　題 …………………………………………………………………… 157
- 解　　説 …………………………………………………………………… 160
- 参　考　図　書 …………………………………………………………… 165

第 8 章　環境と災害　167

- **8.1**　災害の特徴 ……………………………………………………… 167
- **8.2**　災害による影響 ………………………………………………… 169
- **8.3**　災害リスクの認知 ……………………………………………… 171
- **8.4**　災害への備え …………………………………………………… 175
- **8.5**　支援と復興 ……………………………………………………… 177
- **8.6**　ま と め ………………………………………………………… 179
- 問　　題 …………………………………………………………………… 180
- 解　　説 …………………………………………………………………… 183
- 参　考　図　書 …………………………………………………………… 187

第 9 章　環境のデザイン　189

- **9.1**　空間のデザイン ………………………………………………… 189
- **9.2**　バリア・フリーとユニバーサル・デザイン ………………… 193
- **9.3**　環境デザインとさまざまなギャップ ………………………… 197
- **9.4**　ま と め ………………………………………………………… 200

問　　題 ……………………………………………… 201
　　解　　説 ……………………………………………… 204
　　参考図書 ……………………………………………… 208

第 10 章　環境の保護　209

　10.1　環境問題と心理学 ………………………………… 209
　10.2　環境配慮行動の心理学的モデル ………………… 212
　10.3　環境問題への対処 ………………………………… 215
　10.4　ま と め ……………………………………… 223
　　問　　題 ……………………………………………… 224
　　解　　説 ……………………………………………… 227
　　参考図書 ……………………………………………… 231

引 用 文 献 ……………………………………………………… 233
人 名 索 引 ……………………………………………………… 240
事 項 索 引 ……………………………………………………… 242
著 者 紹 介 ……………………………………………………… 247

第1章 環境と心理学

　みなさんは環境心理学という名前からどのような心理学をイメージするでしょうか。アメリカの環境心理学者フランシス・クオは，2009 年にスイスのチューリヒで行われた環境心理学会大会で次のように語っています。

> 　今から 20 年くらい前，私は他の研究者に自分の専門領域を説明するのが嫌だった。環境心理学だと言うと「環境に心なんてあるの？」と言われ，自然環境を扱った心理学研究をしていると言うと「植物とお話でもするの？」と言われる。（中略）でも今では，こんなにたくさんの仲間がいて，自分が環境心理学者だと胸を張って言える。

　このように，少し前までは研究者の間でも環境心理学がどのようなものなのかあまり理解されていませんでした。ですから，環境と心理学とがなぜ関係するのかイメージできない人は，今でもたくさんいるかもしれません。そこでまず始めに，環境心理学とはどのような心理学なのか，その全体的な特徴をみていくことにします。

1.1　環境心理学の研究テーマ

　環境心理学（environmental psychology）は，心理学の中でも応用的な性質を強くもつ領域といわれます。つまり，実際場面におけるさまざまな問題の解決を目指した研究が多いということです。実際，環境心理学は人々が生活する環境と人間の心理・行動との関係を扱う心理学ですから，研究によって得られた知識は私たちの生活のさまざまな場面に応用可能です。

　では，具体的にはどのような研究が行われているのでしょうか。学術専門誌で発表される論文をみてみても，環境心理学が扱う研究テーマは非常にバラエティ豊かです。環境心理学でよく取り上げられる研究テーマと，主に本

書の何章でそのテーマに関連する内容を扱うかを図 1.1 に示しました。図で示した以外に，南極観測基地や宇宙ステーションなど，非日常的な環境を取り扱う研究もあります。

図 1.1　環境心理学における研究テーマの例

図 1.1 をみれば，環境心理学の研究テーマが日常のさまざまな環境と関連したものであることがわかるでしょう。また，環境心理学における研究テーマは，認知心理学，社会心理学，発達心理学といった他の心理学領域に加え，社会学，建築学，犯罪学など，心理学以外のさまざまな領域とも深く関係したものになっています。このように，複数の関連領域にまたがって研究が行われる領域のことを学際領域とよびますが，こうした学際性も環境心理学の特徴の一つです。

1.2　心理学における「環境」

人の心や行動を理解するための要素として，環境は比較的古くから心理学に取り入れられてきました。たとえば，性格や知能，発達の領域などでは，

1.2　心理学における「環境」

「環境か遺伝か」という問題は古くから関心を集めてきました。

　ただ，これまでの心理学においては，その関心の中心はあくまでも人間にあり，環境は行動の個人差や状況による違いを説明するための付加的な情報，いわばスパイスのようなものであることがほとんどでした。しかし 1960 年代以降，大気汚染や水質汚染，自然破壊などの環境問題が深刻化し，また住居や職場などの環境の質の向上に対する人々の意識が高まってきたことから，より日常的で具体的な環境と人間の心理・行動との関係に関心が集まり，それらを中心的に取り扱う心理学として環境心理学が生まれたのです。

1.2.1　さまざまな環境区分

　辞書を引くと，環境は「まわりを取り巻く周囲の状態や世界。人間あるいは生物を取り囲み，相互に関係し合って直接・間接に影響を与える外界」(『大辞泉』) というように非常に漠然とした定義がなされています。辞書による一般的な言葉の定義と学術研究における専門用語としての定義は必ずしも一致するものではありませんが，環境心理学においても環境という言葉はさまざまな文脈の中でさまざまなものを指して用いられます。

　たとえば，都市環境や自然環境，屋内環境や屋外環境などのように，環境はその特徴からさまざまな種類に分類されます。また，職場環境や学習環境，住環境などのように，その機能や目的に基づいて環境が分類される場合もあります。都市と自然，屋内と屋外とでは，それぞれの環境に共通した現象や仕組みもありますが，それぞれの環境の特徴に応じた違いも大きくみられます。また，就寝時の照明と勉強時の照明が同じ明るさでは困るように，最適とされる環境の状態は環境の利用目的によっても異なります。

　さらに，自室や教室などの比較的小規模な環境から，建物全体や自宅周辺といった中規模の環境，都市や地域社会といった大規模の環境まで，私たちを取り巻く環境の規模はさまざまです。環境の規模が大きくなるほど，そこに関与する要素が多くなり，また要素間の関係が複雑になって，理解や予測は困難になっていきます。そして，小規模の環境に対してあてはまることが，

大規模の環境にはあてはまらないということもあり得ます。

1.2.2 物理的環境と社会・文化的環境

私たちを取り巻く環境は，その構成要素から大まかに**物理的環境**，**社会・文化的環境**に区分することができます。**物理的環境**とは，見たり，聞いたり，触ったりして直接観察可能な要素によって構成される環境のことです。物理的環境を構成する要素には，建物の形や部屋の広さ，壁の材質，色，照明の明るさ，騒音や気温，臭いなどが含まれます。

物理的環境が光や音といった物理刺激で構成されているのに対し，私たち人間によって形成される環境のことを**社会・文化的環境**とよびます。社会・文化的環境には，その環境を構成する人々の人間関係（親子，上司と部下，他人と友人など）や属性（裕福な人々，貧しい人々など）なども要素として含まれます。また，さまざまな国や地域には，そこで生活する人々が時間をかけて築き上げてきた風習，慣習があり，こうした風習や慣習なども社会・文化的環境の構成要素です。

1.2.3 地理的環境と行動的環境

コフカ（Koffka, K.）は，人間の行動を理解するためには現実の環境（**地理的環境**）と私たちが認識している環境（**行動的環境**）の2つの環境を区別するべきだと考えました。この区別の重要さを説明するために，コフカ（Koffka, 1935）は次のような話を用いています。

> ある吹雪の夜，道も目印も雪で覆われて見えない中，馬に乗った男が宿までやって来た。やっとのことで宿にたどり着き安堵する男に，出迎えた宿の主人が驚いた様子でどこから来たのかと尋ねた。男が自分の通って来た方向を指し示すと，宿の主人は顔をこわばらせてこう言った。「君は自分が湖の上を渡ってきたということをわかっているのかい？」それを聞いた男は，その場に崩れ落ちて死んでしまった。

この男が馬に乗って通ってきたのは，実際には表面が凍結した湖の上でした。しかしその夜は吹雪で雪が降り積もっていたため，その男はそこが雪原だと思っていたのです。つまり男が移動してきた環境は<u>地理的</u>には湖だけれども，<u>行動的</u>には雪原だったわけです。このように，私たちは環境の特徴による直接的な影響だけを受けているわけではなく，多くの場合，その環境をどう認識しているかによる影響を強く受けてもいるのです。

1.3 人間-環境関係の基礎

環境心理学では，人間と環境の関係を理解するための考え方がさまざまな視点から提唱されてきました。ここでは，そうした考え方のうちの代表的なものについてみてみることにします。

1.3.1 環境刺激と順応水準

人間-環境関係についての基本的な考え方の一つに，環境中のさまざまな情報を環境刺激としてとらえるものがあります。私たちを取り巻く環境の中には，色とりどりの看板，行き交う自動車の音，飲食店から漂う美味しそうな匂いなど，さまざまな種類の環境刺激があります。

一般に，環境刺激の強度・種類・変化が豊富な環境では，私たちの覚醒の程度が高まります。その逆に，変化に乏しい単調な環境では覚醒は低下します。覚醒（arousal）とは精神活動の活発さの程度，平たくいえば頭の冴え具合のことで，この覚醒の程度を覚醒水準（arousal level）とよびます。精神活動が活発な（頭の冴えた）状態や興奮した状態が覚醒水準の高い状態で，精神活動が活発でない（頭がぼんやりした）状態や眠っている状態が覚醒水準の低い状態です。

人間を含めた動物の知覚システムは，同じ刺激が与え続けられると慣れが生じ，その刺激の感じ方が弱くなります。たとえば，少し熱めのお風呂に入ったとき，最初は熱く感じられますが，次第にその熱さの感覚は薄らいでい

きます。自分の部屋の匂いや体臭に自分では気づきにくいのもこのためで，匂いに対して慣れが生じているのです。このように，刺激に対して慣れが生じることを**順応**（adaptation）といいます。

また，刺激が多いか少ないかを判断する際には，**順応水準**（adaptation level）とよばれる基準が用いられます。順応水準に比べて環境刺激が多すぎたり少なすぎたりする場合には不快感が生じ，その不快感を軽減するために環境刺激をできるだけ順応水準に近づけようとするさまざまな反応が生じます。たとえば，刺激が多すぎる環境では，周囲の刺激をできるだけ無視したり，より刺激の少ない場所に移動したりすることによって刺激を減らそうとします。反対に刺激の少なすぎる環境では，音楽を流すなどして環境中の刺激を増やしたり，より刺激の多い環境に移動したりするなどの反応が生じます。環境の刺激水準が順応水準と同じ場合には，その環境が快適なものとして感じられます。

環境の刺激水準が自分の順応水準と完全に一致するというのは実際には非常にまれなことですが，順応水準と完全には一致していなくても，環境の刺激水準が順応水準と比較的近い場合にはその環境は好ましく感じられます。このとき，その環境の刺激水準は実際よりも順応水準に近く判断される傾向があります。このような現象を**同化**（assimilation）とよびます。これに対し，刺激水準が順応水準から一定以上離れている場合には，実際よりも順応水準から遠い不快な環境として感じられやすくなります。これを**対比**（contrast）とよびます。

その名が表すように，**順応水準**そのものも順応によって変化します。順応水準の変化について，ある状況を例として考えてみましょう。AさんとBさんは，生まれてからずっとX市で暮らしていました。2人にとってX市は慣れ親しんだ快適な環境で，2人にとって順応水準にあるとします。

さて，就職を期にAさんは東京の都心部，BさんはX市よりずっと田舎のY市で暮らすことになりました。東京に来てすぐの頃は，Aさんにとって東京の人の多さは不快に感じられるでしょう。一方，BさんにとってY市は，

何もなくて寂しいところだと感じられるでしょう（図1.2のa）。しかししばらくすると，Aさんは都会での暮らしに慣れ，人の多さが以前ほど苦痛ではなくなっていきます。同じくBさんも，静かで落ち着いた環境に慣れていきます（図1.2のb）。

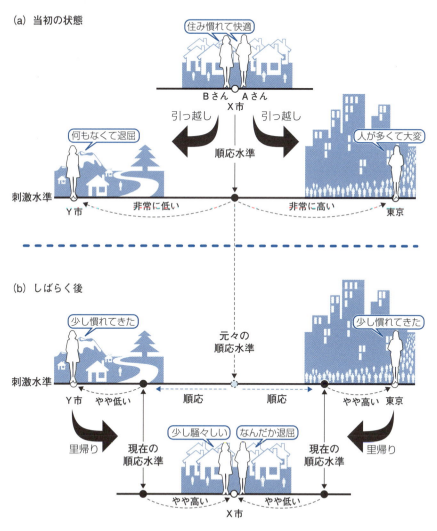

図1.2　環境刺激に対する順応と順応水準の変化

その後，AさんとBさんの2人は久しぶりにX市に戻ってきました。するとどうでしょう，AさんはX市を何だか退屈なところだと感じ，Bさんは少し騒々しいと感じます。これは，AさんとBさんの順応水準がそれまでの経験によって変化したからです。

なお，環境刺激が順応水準から極端に離れている場合，その環境に順応することは困難になります。たとえば，室温が40℃近い部屋の中で長時間我慢していると熱中症で倒れてしまいかねません。このような場合，ほとんどの人はエアコンをつけて室温を下げるといった行動をとるはずです。

このように，環境に働きかけ（エアコンのスイッチを入れ）て，環境を自分にとって最適な状態に近づけようとする（室温を下げる）ことは**調節**（adjustment）とよばれます。**順応**と**調節**の違いは，順応が環境に対する感じ方を変化させる，つまり順応水準を変化させることによって環境をより快適に感じられるようにするのに対し，調節は環境に働きかけ，環境の状態を自身の順応水準に近づけることによって，その環境をより快適なものにしようとするという点にあります。

図1.3は，環境刺激と心理的反応，行動的反応をまとめたものです。私たち人間は，さまざまな環境に対して順応と調節を繰り返しながら適応してき

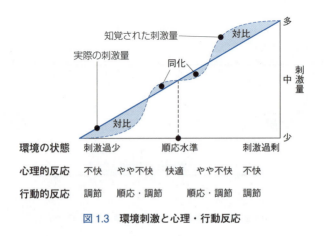

図1.3　環境刺激と心理・行動反応

ました。地域や文化に特有の生活様式なども，その多くは地域の気候や風土に対するさまざまな順応と調節の結果として形成されてきたものです。

1.3.2 環境に対するコントロール

環境を最適な状態に保つための働きかけがいつもうまくいくとは限りません。窓を閉めきっていても外の騒音が聞こえてくる，真っ暗なのに停電していて照明がつかないなど，うまく環境が調節できない場合もあるでしょう。

その環境を**コントロール（統制）**できるかどうかは，その環境に対する私たちの感じ方に大きく影響します。騒がしい場所でも，いつでもそこから逃げられる状況であったり，いつでもその音を止められる場合には，その環境に対する不快感はそれほど強くはなりません。しかし，逃げ場もなく音も止められない場合には，その環境に対する不快感は強くなります。

なお，実際には環境をコントロールできる状況であっても，その人が環境をコントロールできないと感じている場合には環境に対する不快感が強まります。その逆に，実際にはその環境をコントロールできない状況であっても，コントロールできると信じている場合には不快感は強まりません。このような，環境に対して感じるコントロールの感覚は**統制感**（perceived control）とよばれます。

1.3.3 行 動 場 面

ここまでは，主に環境あるいは人間の側の特定の要素が，人々の環境に対する感じ方や行動にどう影響するかを中心に説明してきました。しかし，現実の環境の中ではそれらの要素が複雑に絡み合い，1つの**システム**として存在しています。人間と環境の関係を1つのシステムとしてとらえた場合，そこにはどのような特徴があるのでしょうか。

一般的に，授業中の教室では先生の話を聞く，ノートをとる，質問をするといった行動が多くみられます。しかし，休み時間中や放課後にはそうした行動はあまりありません。また，昼休み中の食堂では，食事をする，友達と

話をするといった行動が多くみられますが，それらの行動は図書館ではみられません。このように，いくつかの場面にはそれぞれの場面を特徴づけるような行動が存在しています。

バーカー（Barker, R. G.）は，特定の行動パターンがみられる場面を**行動場面**（behavior setting）とよびました。行動場面は，その場面を取り巻く**物理環境**，そこで**行動する人**，**定型的行動**（standing pattern of behavior），**シノモルフィ**（synomorphy）などによって構成されます（表 1.1）。

表 1.1　行動場面の主な構成要素

物理環境	教室や食堂，廊下，校庭など，その行動場面を取り巻く物理的環境
行動する人	その場面において定型的行動をとる人
定型的行動	その行動場面において繰返しみられ，その場面を特徴づける行動
シノモルフィ	その行動場面における，環境と行動の調和関係

定型的行動は，それぞれの行動場面を特徴づける行動要素です。たとえば，授業という行動場面では，講義を聞く，ノートをとるといった行動が多くみられるはずです。しかし，昼休みの食堂という行動場面では，大部分の人はテーブルで食事をしていることでしょう。このように，講義を聞くという行動は，昼休みの食堂では観察されないものであり，授業という場面を特徴づけるものといえます。

シノモルフィとは，物理環境と定型的行動の間の一致あるいは調和的関係のことをいいます。小さな部屋の中でサッカーや野球をすることは困難ですし，周囲に大勢の人がいる運動場や体育館で会議をしたり勉強したりすることも難しいでしょう。一般的に，教室の物理的環境は講義をしやすい特徴をもっていますし，教室の机はノートに字を書いたり本を読んだりしやすい特徴をもっています。行動場面における人々の行動と環境との関係は，このような大小さまざまのシノモルフィによって特徴づけられます。

この行動場面の考え方にはいくつか特徴的な点があります。まず，行動場

面においては行動場面を構成する「人」は入れ替え可能な要素です。たとえばレストランという行動場面では，お客さんは次々に入れ替わっていきますがレストランという行動場面は変化しません。授業という行動場面でも，生徒が入れ替わったり先生が交替したりしたとしても，授業という行動場面の基本的な部分は変化しません。

また，行動場面にはその場面を維持しようとする力が働きます。たとえば授業中に私語をしていると注意され，退室させられたりするでしょう。私語という行動は授業という行動場面を成り立ちにくくする要素であるため，その行動場面から排除されやすくなるのです。また，チームで行う競技や活動など，一定数のメンバーがいないと行動場面が成り立たなくなる場合には，その場面を維持するためにメンバーの募集活動が活発に行われたりします。

1.3.4 人員配置

先ほどの例にもみられるように，それぞれの行動場面にはその場面を維持するために必要な人数があります。授業という行動場面は生徒や教師の数が少なすぎても多すぎても成り立ちません。人数が行動場面にとって適切でない場合，その行動場面を維持するためにそこに含まれる人の数を調節するような働きが生じます。たとえば，部員の少ないサークルやクラブ活動などでは新入部員の募集活動が盛んに行われますが，部員数が多いところでは選抜を行って新入部員の数を制限したりします。

このような，行動場面を構成する人（**人員**）の数と行動の関係を説明するのが**人員配置理論**（staffing theory）です。人員配置理論では，行動場面に人員が不足した状態にあることを**人員不足**（understaffing），行動場面に人員が多すぎる状態を**人員過剰**（overstaffing）とよびます。人員不足あるいは人員過剰による影響をまとめたものが表1.2です。

一般に，人員不足状態では一人ひとりの役割や責任が大きくなり，また一人が複数の役割を担ったりすることが多くなるのに対し，人員過剰の状態では一人ひとりの役割が専門化して細分化され，役割に対する責任感や充実感

は低下しがちになります。

表 1.2 人員不足場面と人員過剰場面における一般的影響（Wicker, 1984 をもとに作成）

人員不足場面	人員過剰場面
● より多様な役割，より困難で重要な役割に参加	● より細分化・専門化された少数の役割に参加
● 行動場面における役割に対する責任感の増加	● 行動場面における役割に対する責任感の低下
● 基準に満たない行動をする人員に対する許容度の増加	● 基準に満たない行動をする人員の行動場面からの排除や追放の増加
● 各役割に対する向き不向きや個人差に対する意識の減少	● 各役割に適した特性をもつ人員の割り当て
● 行動場面参加者の受け入れ基準の低下（「初心者大歓迎」など）	● 行動場面参加者の受け入れ基準の上昇（「未経験者不可」など）

1.4 まとめ

　本章でみてきたように，環境心理学は人間とそれを取り巻く環境の関係を心理学的な視点から分析し理解しようとする学問領域です。環境心理学が対象とするものは，日常生活の中のありふれた環境から宇宙ステーションのような特殊な環境までさまざまです。また，人間と環境の関係を理解するための理論にも，順応水準理論のような他の心理学領域でも用いられている基礎的な理論から，行動場面のような環境心理学に特徴的といえるものまでさまざまなものがあります。

問　題

> 自宅前の道路にタバコをポイ捨てしていく人が多くて困っています。そこで，その対策として家の前に監視カメラとセンサーライトを設置しました。その結果，以前よりも少し減ったような気はするのですが，ポイ捨ては一向になくなりません。なぜでしょうか。

memo

1.2

> 高速道路で車を運転していると眠くなるという人がいます。なぜそのようなことが生じるのでしょうか。高速道路がもつ環境的特徴から，考えられる原因と対策について考えてみましょう。

memo

Q1.3

　今度の文化祭で，サークルの仲間と一緒に模擬店を出すことになりました。その模擬店では，焼きそばやお好み焼きを販売する予定です。さて，このサークルのメンバーが3人しかいない場合と30人いる場合とでは，模擬店の運営はそれぞれどのようになると考えられるでしょうか。

memo

1.1

　私たちの行動は周囲の環境からさまざまな影響を受けています。しかし，環境から人間への影響は，Aという環境では必ずBという行動が生じるというような単純なものでないことには注意が必要です。監視カメラやセンサーライトをつければ必ず違反行為が減少する，あるいは違反行為がなくなるというものではないのです。人の行動は環境からの影響によってすべて決まるという考え方は**環境決定論**（environmental determinism）とよばれますが，こうした考え方は現在ではほとんど支持されていません。

　問題の例でいえば，監視カメラを見て「人に見られているかもしれないからポイ捨てはやめよう」と感じる人もいれば，「人に見られていようが関係ない」と思う人もいるかもしれません。また，そもそもカメラをまったく気にしない人や，その存在に気づかない人もいるでしょう。

　またこの例では，私たちの行動が環境に対して影響を与えてもいます。家の前に監視カメラやライトを設置したのはタバコのポイ捨てが多かったからであり，ポイ捨てという行動が監視カメラやライトの設置という環境変化に影響を与えたのです。そして，監視カメラやライトを設置するという行為が，ポイ捨ての減少や，あるいはカメラから見えにくい範囲でのポイ捨ての増加といった結果につながる可能性もあります。

　このように，人間の行動と環境は互いに影響しあう関係にありますが，この相互関係についてのとらえ方にも複数の立場があります。たとえばその一つとして，人間−環境関係は人間と環境の間の**相互作用**が複雑に組み合わさって構成されているという考え方があります。このような立場は**相互作用主義**（interactionism）とよばれます。相互作用主義に基づく研究では，環境から人間へ，人間から環境への影響をそれぞれ個別に検討することによって，全体的な人間−環境関係を明らかにしようとするアプローチが多く用いられます。

これに対し，人間と環境とはそもそも切り離すことのできないものであり，人間と環境は相互に浸透し合った関係にあると考える立場もあります。人間-環境関係を理解するためには，人間と環境との間のさまざまなやりとりを一つひとつ取り出して調べるのではなく，それらをひとまとまりの全体として扱うことが重要だという考え方です。このような立場は**相互浸透主義**（transactionism）とよばれます。相互浸透主義的な立場の代表的なものに，バーカーの行動場面の考え方があります。環境心理学では人間-環境関係についてこうした相互浸透主義的な考え方がとられることが多く，そのことがさまざまな心理学領域の中で環境心理学を特徴づけるものともなっています。

A1.2

　高速道路の運転時に眠気を感じるという現象は**高速道路催眠**（highway-hypnosis）などとよばれます。このような現象が生じる理由の一つに高速道路の単調さがあります。一般に，高速道路はカーブが少なく，減速や加速を繰り返す必要も少ないなど，運転動作は単調なものになります。また，高速道路は高架式で周囲に防音用のフェンスが張り巡らされていたりするために，外の景色はほとんど見えず，非常に単調な風景が続きます。このような，視覚的な刺激も運転動作も変化が少なく単調になりやすいという高速道路の特徴により，運転者の覚醒水準が低下して眠気が生じると考えられるのです。

　では，こうした眠気を防ぐにはどうしたらよいのでしょうか。道路環境への対策としては，高速道路の直線部分を少なくしてカーブを増やすことも一つの方法ではありますが，新規に道路を作る場合ならともかく，すでにある高速道路にこのような対策を行うことは現実的ではないでしょう。道路沿いの風景に変化をもたせるために看板やオブジェなどを設置するのも一つの方法かもしれませんが，それが脇見運転を誘発してしまっても困

ります。

　個人でできる眠気覚ましとしては，同乗者と会話をする，ガムを噛む，窓を少し開けて顔や頭に風が当たるようにし，身体への刺激を増やすといった方法がよくとられます。ただし，同乗者と会話する場合には，会話に熱中しすぎると運転に対する注意がおろそかになりかねないので気をつける必要があります。また，当たり前だと思うかもしれませんが，やはりサービスエリアなどでこまめに休憩をとって疲労や眠気を解消することが重要です。

##

　人員配置理論が想定するように，さまざまな場面がうまく機能するためには最適数の人員が必要です。模擬店に最適な人員数はその模擬店の種類や当日の来客数などによっても異なるでしょうが，焼きそばやお好み焼きの模擬店を 3 人でやろうとすれば人手（人員）は不足気味になるでしょう。材料の仕入れから下ごしらえ，調理，販売まで 3 人全員が参加することになり，また文化祭当日はほとんど休憩なしでお店を担当することになるはずです。全員が調理を担当しなくてはならないので，料理が苦手な人は事前に練習することなども必要になるでしょう。また，1 人でも休めばお店が成り立ちませんから，当日病気になったりしないよう，各自が責任をもって自分の健康管理を行わなければなりません。

　これに対し，メンバーが 30 人いる場合には，仕入れ担当，下ごしらえ担当，販売担当，調理担当など担当がさまざまに区分され，一人ひとりが行う仕事はそのうちの 1 つか，せいぜい 2 つ程度になるでしょう。調理担当は料理が得意な人，チケットやチラシの担当はデザインが得意な人というように，それぞれメンバーの適性に合わせた役割分担が行われる可能性が高くなります。

　役割の数より人数が多ければ，当日はお店の担当シフトが組まれ，決め

られた時間だけお店に出ればよいという形になるでしょう。自分のシフト中であってもサボって休憩したりする人がいるかもしれません。

　このように，その場面が**人員不足**気味の場合と**人員過剰**気味の状態とでは，場面を構成する人々（人員）の行動は大きく異なることが予想されます。

参 考 図 書

羽生和紀（2008）．環境心理学——人間と環境の調和のために——　サイエンス社
　環境心理学の主要なトピックをコンパクトにまとめた一冊です。基本的な内容がしっかりおさえられており，入門書として最適です。

槙　究（2004）．環境心理学——環境デザインへのパースペクティブ——　春風社
　環境工学を専門とする著者により書かれた環境心理学のテキストです。人間の環境への関わり方を基準とした章立てになっているのが特徴的です。文章も平易でわかりやすく，こちらも入門書としてお薦めです。

南　博文（編著）（2006）．環境心理学の新しいかたち　誠信書房
　環境心理学の中でも，とくに質的研究を中心に扱ったテキストです。上記の2冊と読み比べてみるのもよいでしょう。

第2章 環境の知覚と認知

私たちは，つねに何らかの環境の中に存在し，行動しています。私たち人間だけでなくさまざまな生き物にとって，自分がいる環境を知るということは非常に重要です。たとえば，目の前に崖があるのに気づかず歩いていったら，崖から落ちて大怪我をするか，最悪の場合には命を落としてしまいます。この例は少し大げさかもしれませんが，その場に応じた適切な行動をとるためには自分がどのような環境にいるのかを知ることが重要なのです。

2.1 環境の知覚

人がものを見たり聞いたりする過程は**知覚**（perception）とよばれます。私たちが日常的に生活している環境は建物や草木など，多種多様な要素によって構成されており，それらの要素が互いに複雑に影響し合いながら環境を構成しています。つまり，日常環境における知覚を理解するためには，環境を構成する要素全体をまとまりとして考える必要があるのです。

2.1.1 確率的な知覚

環境知覚の代表的なモデルの一つに，**レンズモデル**（lens model）とよばれるブルンズウィック（Brunswik, E.）の確率的モデルがあります。このモデルでは，環境の知覚過程を**遠方手がかり**（distal cue）と**近接手がかり**（proximal cue）の2つに区別して説明します。遠方手がかりとは周囲の環境に含まれる要素や特徴のことで，近接手がかりとは私たちが直接的に利用できる環境情報（たとえば網膜に映った像など）のことです。

人は周囲の環境（**遠方手がかり**）に含まれる情報の大部分を視覚を通して知覚しています。目の網膜でとらえた像（**近接手がかり**）は周りの環境を知

るうえで非常に重要な情報ですが，その環境についてのすべての情報を含んでいるわけではありません。たとえば，遠くに生えている木を見たとき，網膜像には木の形などの情報は含まれていますが，その木までの距離や高さなどについての直接的な情報は含まれていません。網膜に映る対象の大きさは観察する距離によって変化しますから，網膜に映っている木の像の大きさだけでは，その木までの距離や高さを直接的に知ることはできないのです。

しかし私たちは，その木までの距離やその木の高さを知覚することができます。こうした知覚が可能なのは，環境中にあるさまざまな情報の間に確率的な関係が存在するからです。たとえば，2階建ての家なら大体これぐらいの高さというように，一般的な建物の高さにはある程度決まった高さがあります。そのため，木のすぐ近くに建物があれば，その建物との比較から木のおおよその高さを知ることができます。また，遠くに見えている木と近くの木の種類が同じであれば，遠くに見えている木の見えの大きさから，その木までの大体の距離もわかります。

もちろん，2階建てや3階建ての建物の中にも通常よりもかなり大きめに建てられたものがあるかもしれませんし，同じ種類の木であっても通常よりもずっと成長しているような場合があるかもしれませんので，環境中に含まれる情報間の関係を利用したこのような知覚は必ずしも確実なものではなく，あくまでも確率的なものになります。

レンズモデルではこのように，人は近接手がかりの間のさまざまな関係を利用し，推論を行いながら環境を知覚していると考えます（**図 2.1**）。このとき，ある手がかりが環境を知るうえでどれくらい役に立つかを**生態学的妥当性**（ecological validity）といいます。たとえば，周囲にある木の高さを知るうえで，周囲の建物の高さは手がかりとして役に立ちますが（生態学的妥当性が高い），その建物の色が白だという情報は役に立ちません（生態学的妥当性が低い）。

また，生態学的妥当性のある手がかりがあったとしても，その手がかりについての経験や知識がなければうまく利用することはできません。周囲の建

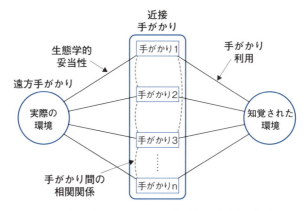

図 2.1　レンズモデル（Brunswik, 1952 をもとに作成）

物の高さは木の高さを知るうえで生態学的妥当性のある手がかりといえますが，建物の高さについての知識がなければ，木の高さを知覚する手がかりとしては役に立ちません。このように，環境を知覚するうえで何が手がかりとして利用され，どの手がかりがより重視されるかは，生態学的妥当性の高さやその人の過去の経験に基づいて決まります。

2.1.2　直接的な知覚

　環境の知覚は推論的な心理的過程を通して行われると考えるレンズモデルのような考え方に対し，環境を知覚するのにそのような推論や解釈は必要でないという考え方もあります。その代表的なものが，ギブソン（Gibson, J. J.）の提唱した**アフォーダンス**（affordance）の理論です。

　たとえば，公園を散歩中にベンチを見つけたとき，私たちはそれがベンチであるということや，そこに座ることができるということを認識します。このとき，たとえば「そこに座ることができる」という認識はどのようになされているのでしょうか。

　一般的な考え方では，まず形状，材質，座面の高さなど，ベンチのもつさまざまな特徴が知覚され，そしてそれらを頭の中で組み合わせることによっ

て，そこに「座ることができる」という認識が得られます。しかしギブソンの考えでは，「座ることができる」ということを知覚するためにベンチがもつさまざまな要素を分析する必要はなく，それらの要素が組み合わさることによってすでに環境中に存在している「座ることができる」という情報を読みとるだけでよいのです。

　この，環境の中に存在する情報が**アフォーダンス**です。アフォーダンスという用語は「提供する（afford；アフォード）」という語を元にして作られた言葉で，対象についての意味や機能など，環境から提供（アフォード）されるさまざまな情報を意味します。

　環境の知覚過程についての考え方を，レンズモデルも含めた一般的な考え方とアフォーダンスの考え方で比較してみましょう。図 2.2 に示したように，一般的な知覚モデルでは，環境中のさまざまな要素を組み合わせて分析したり推論したりするのは心理過程の役割であり，この働きを通じて環境がもつ

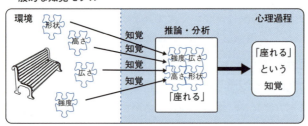

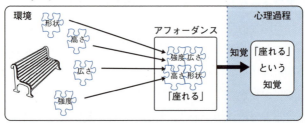

図 2.2　一般的な知覚モデルとアフォーダンスの考え方の比較

意味や機能が認識されると考えます。これに対しアフォーダンスのモデルでは，環境がもつ意味や可能性はさまざまな要素が組み合わさることですでにアフォーダンスとして環境中に存在しており，人はそれらを読みとるだけです。

なお，環境中には無数のアフォーダンスが存在しており，そこからどのようなアフォーダンスが知覚されるかは知覚する人によっても異なります。たとえば高さ60cmほどの柵から知覚されるアフォーダンスは，背の高い大人にとっては「またいで越えられる」というものかもしれませんが，小さな子供にとっては「よじ登れる」というものかもしれません。

2.2　環境の認知

　私たちは，単に目の前にある環境を知覚するだけでなく，知覚によって得られた環境情報を記憶として蓄え，必要に応じてそれらを利用しながら行動しています。情報の記憶や利用などの高度な処理を含む認識過程は認知（cognition）とよばれます。環境の認知に関するテーマでとくに中心的なものは空間知識（spatial knowledge）の獲得と利用に関するものです。

　次の場面を想像してみてください。

　　初めての海外旅行で友人たちと市内を散策中，友人たちとはぐれてしまいました。あなたはすぐ友人に電話をしました。しかし「いま○○のお店の前にいるよ」と言われても，そこにどうやって行ったらいいのかわかりません。友人たちに迎えにきてもらおうと思いましたが，自分がどこにいるのかもわかりません。宿泊先のホテルに戻ろうにも，ホテルまでの帰り道がわかりません。英語や現地語は話せないし，日本語は通じないので誰かに道を尋ねることもできません。さて，一体どうしたらいいのでしょう。

このように，どこに何があるのか，○○へはどう行けばいいのかなど，周囲の環境についての空間知識を十分に持ちあわせていなければ思うように行動できません。私たちは，日常生活においてさまざまな空間知識を利用しながら活動し，またさまざまな活動を通じて空間知識を獲得しているのです。

2.2.1 認知地図

周囲の環境についての空間的な知識は**認知地図**（cognitive map）とよばれます。認知地図を研究するための方法としては，**スケッチマップ法**（sketch mapping）とよばれる手法が多く用いられてきました。

スケッチマップとは，図 2.3 のように自分が住む町の地図などを記憶をもとに描いてもらったものです。このようにして描かれた地図には，その人がその空間をどう認識しているかについてのさまざまな情報が含まれています。

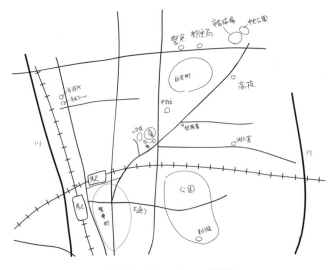

図 2.3　スケッチマップの例

スケッチマップの分析には，次の 5 つの要素がよく用いられます。

1. **パス**（path）

道路や線路など，人々が移動のために使用する部分です．この要素は人々の空間的知識において支配的な要素となります．

2. **ノード**（node）

複数のパスが交差する地点や広場など，人々の活動が集中する点です．

3. **エッジ**（edge）

河川など，複数の場所を区切る要素です．線路や幹線道路などは，電車や車で移動する場合にはパスであっても，歩行者にとってはエッジとなる場合があります．

4. **ディストリクト**（district）

商業エリアや工業地帯など，中規模以上の広がりをもち，他の区域とは区別できるような共通の特徴をもつ領域です．

5. **ランドマーク**（landmark）

外部から見てわかりやすい，その場所の目印や象徴となるような要素です．東京タワーや東京スカイツリーなどは典型的なランドマークといえます．

リンチ（Lynch, D.）は，パスが規則的で目立つランドマークがあるなど，これら5要素のバランスが都市のわかりやすさに大きく影響すると考えました．なお，「駅周辺」のような狭い範囲の地図や，都道府県全体のようなより広い範囲の地図では，5つの要素のうちいくつかがスケッチマップに含まれない場合もあります．

2.2.2　空間知識の獲得経路

空間知識の獲得には主に2つの経路があります．一つは実際にその環境の中での移動経験を通じて学習するという経路です．そしてもう一つは，紙などに描かれた地図を見て学習するという経路です．

ほとんどの地図は空中写真のように空から見た視点で描かれていますが，人は鳥のように空を飛ぶことはできません．私たちは通常，徒歩や自転車などで地面に沿って移動していますので，普段の移動経験における視点と地図に描かれている視点はかなり異なっています（図2.4）．

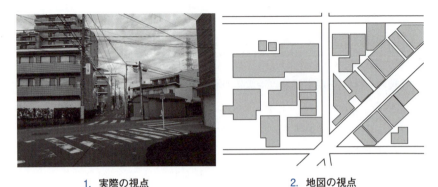

1. 実際の視点　　　　　　2. 地図の視点

図 2.4　実際経験と地図の視点の違い

　地図には一度に広い範囲の情報を得られるという利点がありますが，道沿いの建物の外観や看板などといった細かな情報は得られません．これに対し，実際の移動では一度に広い範囲の情報を得るのは困難なものの，より詳細な情報を得ることができます．私たちの空間知識は，これら性質の異なる情報が整理，統合されてできあがっています．

2.2.3　空間知識のタイプ

　認知地図を構成する空間知識は，大まかにランドマーク知識（landmark knowledge），ルート知識（route knowledge），サーベイ知識（survey knowledge）の3種類に分類することができます．

　ランドマーク知識は，自宅や駅，商店など，その環境にある特定の場所に関する知識で，ルート知識はそれらランドマークをつなぐ経路（ルート）についての知識です．引っ越しや進学などで初めての場所にやってきたとき，まず自宅から最寄り駅までの道順，自宅から職場や学校までの道順など，その人にとって重要な地点間の移動経路を真っ先に確認するでしょう．認知地図の形成初期には，このようにまずランドマーク知識やルート知識が獲得されます．

　そしてその環境での経験が長くなるにつれ，近隣を散策したりすることで

自宅や最寄駅周辺についての知識が次第に広がっていき，詳細で複雑なものになっていきます。経路やランドマークの知識が増えてくれば，より近い経路を選択したり渋滞を迂回したりして効率よく目的地にたどり着くことができるようになります。この過程で，認知地図中の複数の経路情報は互いに結びつけられていき，認知地図は次第に各要素間の空間的な位置関係を含むものへと変化していきます。このような，要素間の空間的な位置関係を含んだ知識が**サーベイ知識**です。

2.2.4　認知地図の誤り

　認知「地図」という名前や，認知地図研究で用いられてきたスケッチマップの印象から，私たちの頭の中にある空間知識が空中写真のような形で蓄えられている様子をイメージした人は多いかもしれません。しかし，私たちの頭の中にある認知地図は空中写真のような形ではなく，空間情報をさまざまな形や水準で**体制化**し，**単純化**したものであると考えられています。そうした体制化や単純化の結果として，人の認知地図には次のような歪みや誤りが含まれている場合があります（図 2.5）。

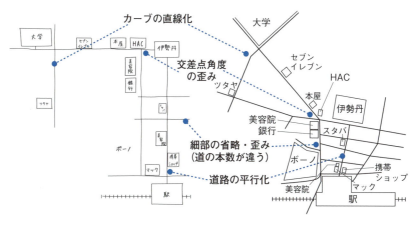

図 2.5　スケッチマップにみられる認知地図のさまざまな歪み

1. 省略と追加

狭い道などの細かな要素は省略される傾向にあります。その反対に，実際にはないものが追加されていることもあります。たとえば，駅前にはカフェがあるはずだというような思い込みから，実際にはその周辺にカフェはないにもかかわらず，カフェがあると記憶されていたりするのです。

2. 角度，方向の歪み

環境がもつ空間的特徴はしばしば単純化され，ゆるやかなカーブが直線として，直角でない交差点が直角として記憶されることがあります。また，平行でない道が平行と記憶されていることもあります。

3. グループ化による歪み

東京や大阪は日本の都市，ニューヨークやボストンはアメリカの都市，新宿や品川は東京で梅田や難波は大阪というように，地理上の場所はさまざまな水準でグループ化されて記憶されていると考えられています。複数のグループにまたがる場所同士の距離や方向の判断では，その判断に時間がかかるだけでなく，それぞれの場所が属するグループの位置関係に影響されて判断を誤る場合も多くみられます。

一つ例をあげて考えてみましょう。東京，大阪，札幌，福岡の4つの都市を北にあるものから順に並べるとどうなるでしょうか。これはすぐに答えられるでしょう。正解は，札幌，東京，大阪，福岡の順です。では，東京，札幌，パリ，ローマの4都市を北から順に並べてください。正しく並べられるでしょうか。

2つ目の問題は1つ目に比べて難しく感じられたはずです。このような問題では，札幌は北海道だから北にある，ローマはヨーロッパ南部の都市だから南にあるというように，それぞれのグループ内での位置に関する知識が影響し，札幌とパリ，東京とローマなど，グループが異なる都市の位置関係についての判断を誤ってしまうのです。なお正解は，パリ，札幌，ローマ，東京の順（図2.6）です。

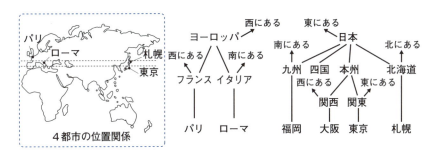

図 2.6　4 都市の位置関係と，位置関係についての知識構造の例

2.3 空間知識の利用

　私たちは空間情報を知識としてただ記憶しているだけではありません。それらの知識を利用しながら，空間を移動してもいます。記憶された空間知識や地図などの空間情報を用い，自分が今どこにいるのかを知ることを**定位**（orientation），経路をたどって目的地にたどり着くことを**経路探索**（way finding）とよびます。一般的に，位置や方向の判断が苦手で道に迷いやすい人を方向音痴とよんだりしますが，定位や経路探索はそうした方向音痴の人が苦手とする作業といえるでしょう。

2.3.1　経路探索の男女差

　多くの人が方向音痴は女性に多いと考えているようですが，経路探索の得意不得意に関しては，じつは男女の差はそれほど明確ではありません。コルチアとラウズ（Coluccia & Louse, 2004）によれば，経路探索課題や方向定位課題における男女差を扱ったさまざまな研究のうち，男性のほうが成績が良いという結果は全体の約半数から 6 割程度，男女で差はないという結果が 4 割程度でした。

　また，実験室環境で行われた空間認識課題で男女差がみられたとしても，実際の屋外環境を使用した比較ではそうした差がみられなくなることもあります。こうした報告をまとめると，全体としては男性のほうが女性よりも経

路探索が得意であるといえるかもしれませんが，その差は一般に考えられているほどには明確ではないのです。

なお，認知地図や経路探索に関しては，男女間に質的な違いのあることがしばしば指摘されています。たとえば，一般に女性は経路探索や地図学習の際にランドマークを重視することが多いのに対し，男性は方向や距離を重視することが多いのです。また，スケッチマップを作成する課題では，女性はランドマークを多く描き込む傾向があるのに対し，男性はパスや方角を描き込む傾向があります。こうした質的な違いはさまざまな研究で比較的一貫して指摘されるものですが，なぜ男女間でこのような差があるのか，その理由についてはまだよくわかっていません。

2.3.2 環境の特徴と経路探索

経路探索の困難さは，個人の経験や能力だけでなく，環境の物理的特徴による影響も受けます。経路探索に影響する環境の物理的特徴としては，**分化**（differentiation），**視覚的アクセス**（visual access），**レイアウトの複雑さ**（layout complexity），**標識**（signage）などがあります。

分化とは，その場所が他と区別できる特徴をもっているかどうかです。たとえば，京都や札幌のように道路が碁盤目状に整備されている街では，どの交差点も同じように見えてしまい，いま自分がどこにいるのかわからなくなってしまうという人がいます。地下街などで迷いやすいのも，通路や並んでいるお店の外観がどれもよく似ていることが少なからず関係しているでしょう。これに対し，特徴的な建物や看板，壁の色など，その場所を他から区別する要素がある場合には，経路探索は容易になります。

視覚的アクセスは離れた場所からでも目的地を見ることができるような環境の特徴，**空間レイアウト**は道路や建物などの配置の複雑さを指します。たとえば，旧城下町では外部からの侵入を防ぐために曲がりくねった道や行き止まりが多用されるなど，複雑な道路構造になっていることがあります。このような環境では経路探索は困難になり，視覚的アクセスがよく空間レイア

ウトの単純な環境では経路探索は容易になります。さらに，理解しやすく体系的な方法で標識がつけられている環境では経路探索が容易になります。

2.3.3 地図と経路探索

観光地や大規模なショッピングセンターなどでは，利用者の移動を助けるためにさまざまな標識や地図表示が用いられます。それらは現在地がどこであるのかを示したり，目的地までの方向を指し示したりすることを目的としています。また，現在地も含めた周囲についてのより多様な情報を提供するために現在地地図（You-Are-Here Map）（図 2.7）が用いられたりします。

図 2.7　現在地地図（You-Are-Here Map）と実際の風景

定位や経路探索を行ううえで，こうした標識や地図は重要な情報源です。しかし，標識や地図の用い方を誤ると，それらは役に立たないばかりか混乱を招いてしまうことすらあり得ます。レヴィン（Levine, 1982）は，現在地地図が役に立つためには構造マッチング（structure matching）と向き（orientation）が重要であると述べています。

構造マッチングとは，地図上に書かれた情報と実際の環境を対応させることです。たとえば，図 2.7 の「A 棟」や「B 棟」が実際の環境のどの建物を指しているのかがわからなければ，その地図は役に立ちません。現在地を示

す記号が単なる丸で描かれている地図よりも，どちらの方向を向いているのかがわかるように描かれている地図のほうが構造マッチングは容易になるでしょう。実際の環境で容易に特定できる特徴的な建物のイラストなどが地図の中にあれば，構造マッチングはさらに容易になります。

また，地図は地面と平行にして進行方向に向けた場合にもっともわかりやすくなります。つまり，地図の前後左右と実際環境の前後左右の向きが一致していることが重要なのです。とはいえ，地図が壁面などに設置されていて，地図を実際環境の前後左右に一致させることが困難な場合もあります。そのような場合には，地図上の「上下」と実際環境の「前後」を対応させることで地図がわかりにくくなるのを防ぐことができます。

2.3.4　テクノロジーと経路探索

近年の電子機器の発達によって，自分がいる場所の周辺地図をいつでも閲覧できたり，ナビが道案内をしてくれたり，ストリートビューで仮想的に街中を散策することができたりと，空間情報の新しい提供方法や利用方法が次々に生み出されています。そしてこうした新しい技術が経路探索にどのような影響を与えるのかについても，近年盛んに研究されています。

たとえば，カーナビや歩行者ナビには，利用者の向きに合わせて地図が回転したり，平面地図の代わりに利用者の視点に近い立体的な視点の地図が表示されたりするものがあります。また，**拡張現実**（augmented reality；AR）とよばれる技術を用い，カメラで撮影した画像に重ねるような形で進行方向を示してくれるものもあります（**図 2.8**）。地図のわかりやすさには**構造マッチング**と**向き**が重要であることはすでに述べましたが，電子機器のナビゲーション・システムに使用されるこうした特徴は，紙の地図に比べて地図の理解や経路の探索に必要な心的労力を大幅に軽減してくれるものです。

なおこれまでの研究では，電子機器のナビゲーションは定位や経路探索が容易になる反面，紙の地図を用いた場合に比べて**ルート知識**や**サーベイ知識**などの空間知識が獲得されにくいことが示されています。これは，紙の地図

図 2.8 拡張現実（AR）を用いたナビゲーション

に比べて地図理解や経路探索のために空間情報の処理を行う必要が少なくなるために，記憶される空間情報も少なくなるからだと考えられています。

2.4 まとめ

　自分の周囲の環境を認識し，そしてその環境の中を効率的に移動する。これは人間を含めたすべての動物にとって，環境との関わりのもっとも基本的な部分といえます。最近では，自動運転車やお掃除ロボットなど，機械にとってもそうした機能が重要なものとなりつつあります。

　しかし私たちを取り巻く環境には非常に多くの情報が複雑に絡み合った状態で存在しています。そして，そのような複雑な情報を私たちがどうやって効果的に処理し，利用しているのか，その処理過程を把握することは非常に困難なことなのです。

レンズモデルでは，人の知覚は確率的推測を含む過程であると説明します。天気予報の降水確率が必ずしも当たらないのと同じように，確率的であるということは間違って知覚されることもあり得ることを意味します。では，アフォーダンスではどうでしょうか。環境のアフォーダンスが誤って知覚されるということはあり得るでしょうか。

memo

問　題　　　　　37

Q2.2

　構造が複雑で迷子になりやすい地下街ですが，少しでもわかりやすくするための対策としてどのようなものが考えられるでしょうか。

memo

2.3

　あなたの家に友人が遊びにきます。友人があなたの家にくるのは初めてなので，最寄駅から自宅までの地図を描いて渡すことにしました。さて，この地図をできるだけわかりやすいものにするためには，どのような点に気をつけるとよいでしょうか。

memo

A2.1

すでに環境の中にある情報を読みとるだけであれば間違いようがないと思う人もいるかもしれませんが，アフォーダンスの読みとりにおいても間違いはあり得ます。その典型的なものとして，ギブソンとウォーク（Gibson & Walk, 1960）の視覚的断崖（visual cliff）の実験をあげることができます（なお，この「ギブソン」は，アフォーダンスの理論を唱えたJ. J. ギブソンではなく，その奥さんです）。この実験では，図 2.9 のような装置を用いて子供の奥行き知覚についての検討がなされています。この装置では，装置の半分は一見すると深さがあるように見える構造になっています。

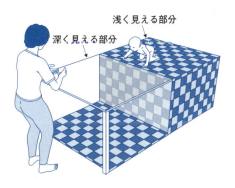

図 2.9 視覚的断崖（Gibson & Walk, 1960 をもとに作成）
装置の半分は床がガラス張りになっており，一見すると高さがあるように見える構造になっている。

実験では，深く見える側から母親が子供を呼んでも，子供は母親のほうへ行こうとはしませんでした。これは，装置の深さを知覚した子供が，これ以上は進めないと認識したものと解釈できます。しかし，実際には深い側には十分な強度をもった透明なガラスの床が設置されており，子供はその上を這って移動できるようになっています。つまり，環境は子供が母親

のほうに向かって移動することをアフォードしているにもかかわらず，子供はそれを知覚できていないのです。

　日常の場面でも，これぐらいの水たまりなら飛び越えられると思ったら失敗してびしょ濡れになってしまった，というような経験は誰にでも一度はあるでしょう。これは，飛び越えられない（飛び越えることをアフォードしていない）のに飛び越えられると間違って知覚していることになります。

　このように知覚判断の誤りが生じる場合はあるものの，全体として人はかなり正確に環境のアフォーダンスを知覚できているようです。ウォレン (Warren, 1984) によれば，目の前にある段に手を着かずに上ることができるかどうかを判断するとき，判断する人の背の高さにかかわらず，段の高さが股下の長さの 0.88 倍の点（たとえば股下 80cm の人なら段の高さ約 70cm）を境として，上れるかどうかの判断が変化することを示しています。そしてこの値は，人が手を着かずに上れる高さを生体力学的に算出した値（0.88 倍）と同じだったのです。

　ただ実際には，ある基準を境に「上れる」から「上れない」に突然切り

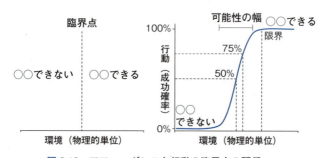

図 2.10　アフォーダンスと行動の臨界点の関係
(Franchak & Adolph, 2014 をもとに作成)
環境がもつアフォーダンスは，図の左のようにある点を境目に「できる」と「できない」が切り替わるのではなく，図の右のように確率的に変化すると考えるほうがよいのかもしれない。

替わるわけではありません．その境界ギリギリの高さでは，場合によってうまく上れたり上れなかったりすることもあるでしょう．ある環境において○○できるかどうかというアフォーダンスは，ある地点を境目に「はい」か「いいえ」に二分されるようなものではなく，図 2.10 のように，基準を中心とした確率的な分布になっていると考えるほうがよいのかもしれません．

A 2.2

　地上の場合，遠くに背の高い建物が見えたり，あるいは太陽や月が見えたりして方向の手がかりがありますし，たくさんのお店が並んでいても，それぞれ建物に特徴があったりするために自分が今どこにいるかを比較的把握しやすいのですが，地下街ではその構造上，似通った風景が多くなり，また背の高い建物や太陽など目印となるようなものも見えないため，どうしても迷いやすくなってしまいます．

　本文中にも述べたように，環境のわかりやすさを高めるための要素としては，**分化**，**視覚的アクセス**，**レイアウトの複雑さ**，**標識**などがあります．これらのうち，すでにある地下街の視覚的アクセスやレイアウトの複雑さを変更することは非常に困難でしょう．したがって，地下街のわかりやすさを改善するための対策としては，**分化**や**標識**の工夫が重要となります．

　環境の分化を改善するための方法として，地下街全体を少数のブロックに分割し，それぞれのブロックに異なる色を割りあてるという対策が考えられます．デパートなどのフロアマップもそうですが，地下街が広くなるほど地下街全体の地図の中で現在地を特定したり，目的のお店の場所を見つけ出したりするのは困難になります．

　そこでたとえば地下街全体を 4 つのブロックに分け，それぞれに赤，青，黒，白など異なる色を割りあてます．もし目的のお店が青のブロックにあることがわかっていれば，目的地にたどり着こうとする際には青のブロッ

クの中だけを探せばよいことになり，地下街全体を探す必要はなくなります。

　壁や通路がそのブロックの色に統一されていれば，自分が今どのブロックにいるのかの判断も容易になります。この状況で必要となる標識は，目的のお店があるブロックにたどり着くための道順を示すものと，目的のお店がブロック内のどの位置にあるのかを示すものの2点です。

　目的のお店があるブロックまでの道順を示す標識としては，図2.11のような形で目立つ場所に各ブロックの方向を示す方法が考えられるでしょう。こうすることで，地下街全体の構造がわかっていなくても，矢印に沿って進んでいけば目的のブロックにたどり着くことができます。

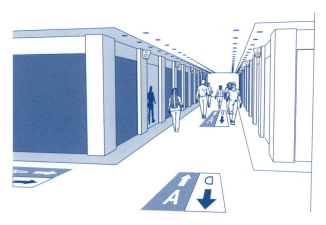

図2.11　環境の分化と標識を考慮した地下街の例
全体を少数のブロックに分割し，ブロック内に規則的に番号をつけることにより，経路探索における情報処理の負荷が軽減される。

　また，各ブロック内でのお店の位置をわかりやすくするためには，各ブロック内の店舗に規則的に番号を割り振るという方法が考えられます。たとえば，各ブロックの中で各店舗に対して時計回りに1から順に番号が割り当てられており，それが各店舗の前によく見えるような形で示されてい

解　説

れば，今自分のいる場所のお店の番号から，目的とするお店のおおよその位置を知ることができます。

このように，全体を少数のブロックに分割し，各ブロック内で店舗の位置表示を規則化することによって，そこを利用する人々が地下街全体の空間配置を記憶する必要がなくなります。また，どのブロックの何番目のお店かという非常に単純化された情報で自分の目的地や現在地を特定できるようになるため，地下街での移動がずっと容易になるはずです。

A2.3

わざわざ地図を描かなくても，インターネット上の地図を印刷するか，そのアドレスを渡せばよいと考えた人もいるかもしれません。ですが，その友人が地図を読むのが苦手な人だった場合，その地図を使ってあなたの家にたどり着くのは困難なものになってしまうでしょう。

最近では，お店のホームページに掲載されている地図なども，インターネット上の地図サービスをそのまま利用したものであることが多くなっています。そうした地図サービスを使用すればわざわざ案内図を作らなくてすみ合理的だと思うかもしれませんが，とくに地図を読むのが苦手な人にとって，地図サービスが提供する地図をそのまま載せただけのものは，案内図としてはわかりづらいものなのです。

本文中では，地図の上下と実際環境の前後を一致させると地図が読みやすくなると説明しましたが，地図サービスが提供している地図は一般に北が上になるように描かれており，地図を見ている人の進行方向に合わせた向きにはなっていません。そのため，地図を読むのが苦手な人は，そうした地図を見てもどの方向に進んだらよいのかが判断できません。

地図のわかりやすさに関するもう一つの要素として，**構造マッチング**の重要性についても説明しました。インターネット上の地図は情報が豊富で便利なことは間違いないのですが，実際にその場所を移動する際には目立

たないような情報まで描き込まれているため，そうした情報が混乱を引き起こし，構造マッチングが難しくなってしまうのです。目的地にたどり着くために重要なのはどこをどう進めばよいのかということであり，それ以外の細かな情報はかえって邪魔になることもあるのです。

また，初めての場所に地図を頼りに行こうとする場合，歩きながら本当にこの方向で合っているのかどうか不安になるということもあるでしょう。こうした不安は，地図上の各目印間のおおよその所要時間がわかっているだけでも低減します。目安の時間を過ぎても目印を見つけることができなければ，少なくとも自分が間違った方向に進んでいるということがわかるからです。

これらの点を踏まえ，わかりやすい案内図を作成するうえで注意すべき点をあげると次のようになります。また，それらを踏まえて作成した案内図と，インターネット上の地図に印をつけただけのものを図 2.12 に示しました。どちらの地図がよりわかりやすいと感じられるでしょうか。

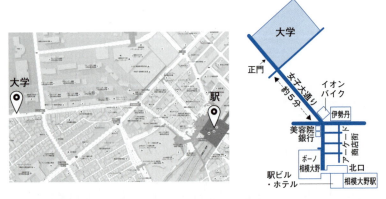

図 2.12　インターネット上の地図（左）と簡素化した地図（右）

解　説

1. スタート地点（最寄駅）を下，目的地（あなたの自宅）を上にする。
2. 必要以上に細かな情報を描き込まない。曲がる必要のある交差点など，重要な部分が目立つようにする。
3. 曲がるべきポイントには，わかりやすい目印を示す。それらの目印は，実際に移動する人の視点から見えやすいもの（地上1階にある，目立つ看板がある，特徴的な構造をした建物など）にする。
4. 所要時間のおおよその目安を示しておく。

参 考 図 書

佐々木正人（2015）．新版 アフォーダンス 岩波書店
　アフォーダンスの考え方が非常にコンパクトにまとめられており，アフォーダンスの入門書として最適です。

リンチ, K.　丹下健三・富田玲子（訳）（2007）．都市のイメージ 新装版 岩波書店
　都市イメージの研究における古典ともいえる一冊です。

村越　真・若林芳樹（編著）（2008）．GIS と空間認知——進化する地図の科学—— 古今書院
　地図やナビの利用と人の空間認知特性との関係が取り上げられています。

第3章 環境と対人行動

私たちの環境を構成する要素は，建物などの構築物や，山や川などの地理的要素ばかりではありません。周囲に存在する人々もまた，その環境を構成する要素の一部です。一人でいるときと集団の中にいるときとでは行動が自然と異なってくるように，対人環境は人々の行動にさまざまな影響を与えています。

3.1 パーソナルスペース

電車の中や大教室での授業などで空いている席を選ぶとき，他人からある程度離れた席を選ぶ人は多いでしょう。私たちは皆，他人には入られたくない自分だけの空間をもっており，これは**パーソナルスペース**（personal space；個人空間）とよばれています。パーソナルスペースは，図 3.1 のよ

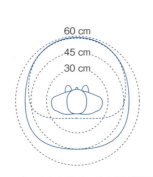

1. パーソナルスペースの平面構造
   （Hayduk, 1981 をもとに作成）
   実線（色）は視線を左右に動かせる場合，
   点線（色）は視線を前に固定した場合。

2. パーソナルスペースの立体構造
   （Hayduk, 1978）

図 3.1 パーソナルスペースの形

うに所有者の周囲を取り巻く目には見えない領域で，その所有者が移動すれば，それにともなってパーソナルスペースも移動します。

3.1.1　パーソナルスペースの性質

　普段，私たちはとくに意識することなく適切なパーソナルスペースを確保しようとしています。そして，適切なパーソナルスペースが確保されている間はそれを意識することはほとんどありません。パーソナルスペースが強く意識されるのは，主にパーソナルスペースが適切でない場合です。

　パーソナルスペースには，大きく分けて2つの機能が考えられます。一つは他者との距離を適切に保つことによって身体的危害やプライバシーの侵害などから自分の身を守るための緩衝領域としての機能，もう一つは他者との距離を調節することによって互いのコミュニケーションを円滑にしたり，また距離のとり方そのものが非言語的なコミュニケーションになったりするというような，他者とのコミュニケーションに関する機能です。

3.1.2　パーソナルスペースの分類

　パーソナルスペースは，しばしば人と人との間にとられる**対人距離**（interpersonal distance）を用いて測定されます。ホール（Hall, E. T.）は，対人距離のとり方が二者間のコミュニケーションに影響すると考え，対人距離を図3.2のように分類しました。まず，対人距離は大きく4種の距離に分類され，さらにそれぞれの距離は**近接相**と**遠方相**とに分けられます。

3.1.3　パーソナルスペースの影響要因

　図3.2に示したように，パーソナルスペースはつねに一定の大きさをもつわけではなく，その状況や相手に応じて伸縮するものと考えられています。パーソナルスペースの大きさに影響する要因には，大きく分けて個人の要因と環境の要因とがあります。環境の要因はさらに，社会・文化的な環境と，物理的な環境とに分けることができます。日常生活の中では，これら複数の

3.1 パーソナルスペース

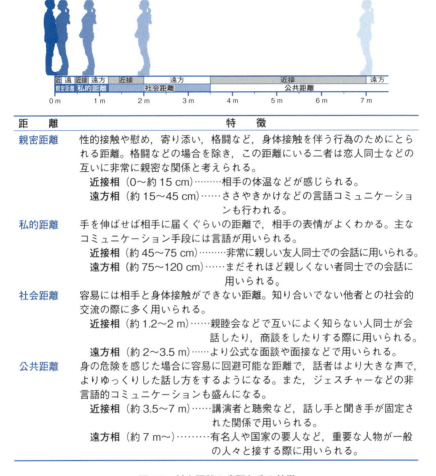

距離	特徴
親密距離	性的接触や慰め，寄り添い，格闘など，身体接触を伴う行為のためにとられる距離．格闘などの場合を除き，この距離にいる二者は恋人同士などの互いに非常に親密な関係と考えられる． **近接相**（0～約 15 cm）………相手の体温などが感じられる． **遠方相**（約 15～45 cm）……ささやきかけなどの言語コミュニケーションも行われる．
私的距離	手を伸ばせば相手に届くぐらいの距離で，相手の表情がよくわかる．主なコミュニケーション手段には言語が用いられる． **近接相**（約 45～75 cm）………非常に親しい友人同士での会話に用いられる． **遠方相**（約 75～120 cm）……まだそれほど親しくない者同士での会話に用いられる．
社会距離	容易には相手と身体接触ができない距離．知り合いでない他者との社会的交流の際に多く用いられる． **近接相**（約 1.2～2 m）……親睦会などで互いによく知らない人同士が会話したり，商談をしたりする際に用いられる． **遠方相**（約 2～3.5 m）……より公式な面談や面接などで用いられる．
公共距離	身の危険を感じた場合に容易に回避可能な距離で，話者はより大きな声で，よりゆっくりした話し方をするようになる．また，ジェスチャーなどの非言語的コミュニケーションも盛んになる． **近接相**（約 3.5～7 m）……講演者と聴衆など，話し手と聞き手が固定された関係で用いられる． **遠方相**（約 7 m～）………有名人や国家の要人など，重要な人物が一般の人々と接する際に用いられる．

図 3.2 対人距離の分類とその特徴

要因が影響し合いながらパーソナルスペースの大きさが変化します．

1. 個人要因

パーソナルスペースの大きさに影響する主な個人要因には，**性別**，**年齢**，**パーソナリティ**（性格）があります．

一般に，女性は男性よりもパーソナルスペースが小さいことが知られてい

ます。そのため，女性同士と男性同士とでは，女性同士のほうが小さな対人距離がとられます。男性と女性の間でとられる対人距離は両者の親密度によって大きく異なりますが，知人同士であれば女性同士の場合と男性同士の場合の中間的な距離になることが多いようです。また，生まれてすぐの赤ちゃんや小さな幼児ではパーソナルスペースを観察することは困難ですが，パーソナルスペースは成長とともに次第に大きくなっていき，思春期頃には成人と同程度になると考えられています。

パーソナリティとパーソナルスペースの関係については，一般に外向的で社交的な人はパーソナルスペースが小さく，内向的で非社交的な人のパーソナルスペースは大きくなることが知られています。また，不安を感じやすいパーソナリティ傾向をもつ人は，そうでない人に比べてパーソナルスペースが大きい傾向があります。

2. 社会・文化的要因

パーソナルスペースに影響を与える主な社会・文化的要因には一時的な状況から永続的なものまでさまざまなものがあります。

まず，**魅力**が高い人に対しては小さいパーソナルスペースがとられやすくなります。また，性別が同じ場合，年齢が近い場合，人種や文化が同じ場合，社会的地位が近い場合など，自分と相手の**類似度**が高い場合には，そうでない場合に比べてパーソナルスペースは小さくなります。

その人の**感情状態**も影響要因の一つです。不安やストレスの強さは大きなパーソナルスペースにつながります。さらに，相手との関係が競争的なものか協力的なものかによってもパーソナルスペースの大きさが変化します。一般に，**競争的状況**では相手とのパーソナルスペースは大きくなり，**協力的状況**ではパーソナルスペースは小さくなります。

文化的要因による影響としては，アラブや南米，南欧の人々は北米の人々に比べてパーソナルスペースが小さい傾向にあり，日本人のパーソナルスペースはヨーロッパや北米の人々よりも大きいと考えられています。

3. 物理的要因

パーソナルスペースの大きさは，その環境がもつ物理的特性によっても変化します。たとえば，屋外にいるときと屋内にいるときとでは，屋内のほうがより大きなパーソナルスペースを必要とします。また，同じ屋内でも，広い空間と狭い空間とでは狭い空間にいるときのほうがより大きなパーソナルスペースを必要とします。

3.1.4 不適切なパーソナルスペースとその影響

他者との間に適切なパーソナルスペースが確保できない場合，心理・生理的な覚醒（第1章1.3.1参照）が高まります。そのことを示す例として，ミドルミストらの研究（Middlemist et al., 1976）があります。彼らは，男性がトイレで1人で用を足す場合と，周囲に他の人がいる場合とでどのような違いがみられるかについて検討しました（図3.3）。その結果，すぐ隣で他の男性が用を足している場合（近距離条件）には，自分1人しかいない場合（統制条件）に比べて排尿開始までの時間が長くなり，排尿時間そのものは短くなることがわかりました。つまり，すぐ近くに他者がいることによって覚醒が高まり，緊張した状態になっていたのです。

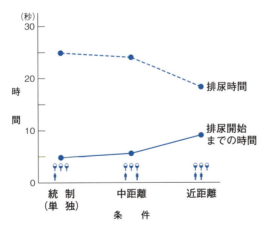

図3.3 パーソナルスペース侵害と覚醒
（Middlemist et al., 1976をもとに作成）

不適切なパーソナルスペースにより覚醒が高まった場合，その覚醒を下げるために人はさまざまな反応をとります。相手との距離を調節し，適切なパーソナルスペースを保とうとする行動はその一つです。相手との距離が近すぎる場合には後ずさりして相手との距離を保とうとするか，あるいはそこから立ち去ろうとしたりします。逆に相手との距離が遠すぎる場合には，相手のほうに近寄ろうとする行動がみられます。

　混みあった場所にいる，席が固定されているなど，相手との距離を調節することが困難な場合には，視線や体の向きを調節することによってパーソナルスペースの不適切さを補おうとする**補償行動**（compensation behavior）がみられます。また，相手との距離が近すぎると感じる場合，話の内容が当たり障りのないものに変化するなど，心理的に距離をとることでパーソナルスペースの不足を補おうとする場合もあります。しかし，あまりに不適切な距離がとられた場合，あるいは不適切な距離が長期にわたってとられ続けた場合などには，こうした補償行動でパーソナルスペースの不足を調整することができず，強い不快感を感じることになります。

　不適切なパーソナルスペースは相手への評価にも影響します。たとえば話し相手が自分に近づきすぎていると感じられる場合，威圧感が感じられたり，その相手に対して否定的な印象がもたれたりします。その逆に，適度と考えられる距離よりも離れた位置にいる話し相手に対しては，その相手に自分が拒否されているように感じられたりします。

　こうした不適切なパーソナルスペースによる影響は，相手との関係性によっても変化します。たとえば，相手が近すぎる場合には覚醒が高まりますが，相手が魅力的である場合や自分が相手に好意をもっている場合などには，それが喜びのような肯定的なものとして認識される場合があります。

　また，男性と女性では前方のパーソナルスペースと側方のパーソナルスペースの不足に対する反応に違いがあることが指摘されています。男性は前方のパーソナルスペース不足に対して女性よりも否定的な反応をとりやすく，女性は男性よりも側方のパーソナルスペース不足に対して否定的な反応を示

しやすい傾向があります（図3.4）。

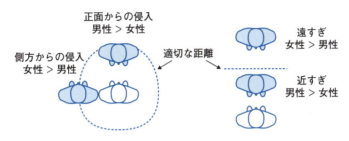

図3.4 パーソナルスペース侵害による不快感の強さの男女差

さらに，相手が近すぎる場合や遠すぎる場合に対する反応にも男女で違いのあることが指摘されています。一般に，男性は近すぎる場合に対して女性よりも否定的に反応するのに対し，女性では男性よりも遠すぎる場合に対して否定的な反応をみせます。

パーソナルスペースの侵害に対する不快度は，侵入者の性別や年齢によっても異なります。男性によるパーソナルスペースの侵害は女性による侵害の場合に比べて否定的に評価されやすく，侵入者が小さな子供である場合には，大きな子供や大人の場合に比べて不快感は少なく，場合によっては肯定的にとらえられることもあります。

3.1.5　パーソナルスペースと空間利用

パーソナルスペースは，図書館の閲覧室やカフェテリアなど不特定多数の人々が同時に利用するような場面の行動にも影響します。

たとえば図書館の閲覧室などでは，利用者はできるだけ他の人がいないテーブルを選択し，かつ他の利用者からできるだけ離れて座れる席を選択しがちです。他の利用者の近くに座らざるを得ない場合には，横並びになる座席よりも背中合わせになる席のほうが好まれます。また，空席がおよそ3分の1程度以下になると，着席せずにその場を立ち去ってしまう人が多くなるこ

となども報告されています（Eastman & Harper, 1971）。

また，クック（Cook, 1970）は，レストランやバーでの着席位置を観察した結果を報告しています。クックによる観察では，レストランにおいては男性同士，女性同士の場合のほとんどで向かい合わせの席が選択され，男女のペアの場合に横並びの席がわずかに選択されました。バーにおいては，男女ペアのときには7割以上で横並びの着席位置が選択されていますが，男性同士の場合には対面の着席位置が増加する傾向にありました（図3.5）。

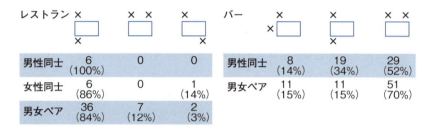

図3.5　レストランとバーにおける座席位置の選択（Cook, 1970をもとに作成）

親しい人同士ではパーソナルスペースも小さくなるため，横並びなどの非常に接近した座席位置がとられやすくなりますが，それほど親しくない場合にはそうした位置はとられにくくなります。また，互いに見ず知らずであるというような場合には，パーソナルスペースも大きくなるため，できるだけ相手から離れた場所か，あるいは視線の合いにくい位置関係が好まれます。

なお，クックによるバーの観察データでは男性同士の場合にも横並びの着席が多くみられますが，これには店内のテーブル配置（ほとんどのテーブルが壁に沿って並べられていた）による影響があったと説明されています。このように，着席行動は単に対人関係だけによって決まるわけではなく，物理的構造や照明状態など複数の要因による複合的な影響を受けます。

3.2 テリトリー

他の動物と同じように，人間も**なわばり意識**のようなものをもっています。自分が所有する領域，あるいは所有していると感じる領域はその人にとっての**テリトリー**（territory；なわばり）であり，テリトリーに対してもつ意識や行動は**テリトリアリティ**（territoriality；領域性）とよばれます。パーソナルスペースは人と一緒に移動する領域ですが，テリトリーは特定の場所に対するもので，所有者と一緒に移動することはありません（図3.6）。

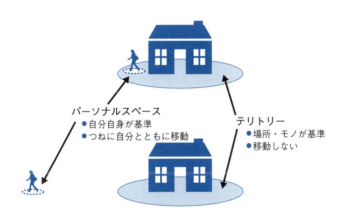

図3.6　パーソナルスペースとテリトリーの違い

3.2.1　テリトリーの分類

テリトリーやプライバシーの代表的研究者の一人であるアルトマン（Altman, I.）は，テリトリーを**1次テリトリー**（primary territory），**2次テリトリー**（secondary territory），**公共テリトリー**（public territory）の3つのタイプに分類しています。

1次テリトリーとは，自宅や自室など個人やその家族などによってほぼ永続的に占有され，またそのことが他者からも認められている領域です。所有

者の生活にとって非常に重要な意味をもち，この領域への他者の侵入は重大な問題として認識されます。

2次テリトリーとは，よく行くお店のお気に入りの席，職場のデスクなど，その個人によって所有されているわけではないものの，短期的に占有されることのある領域です。1次テリトリーほどではありませんが，利用者の日常生活にとっては重要な意味をもつ領域です。

公共テリトリーは，電車やバスの座席，ホテルのロビー，公園，公共の駐車スペースなど，公共のルールに反しない限りは誰でも利用可能な領域です。場所とりのような形で一時的に占有されることもありますが，他者の侵入を完全に防ぐことは一般に困難です。

3.2.2 テリトリーの防御

空き巣や不法侵入のようなものだけでなく，自分の外出中に親が勝手に部屋に入った，トイレに行っている間に他の人に席をとられていた，など，テリトリーはさまざまな形で他者による侵入や侵害を受ける可能性があります。そうした侵入を防ぐため，テリトリーに対してはさまざまな防御行動がとられます。

テリトリーの防御行動は，そこがどのようなテリトリーであるかによって変化します。たとえば，自宅などの**1次テリトリー**では，フェンスなどの障壁を設けて他者の侵入を防いだり，「立入禁止」などの看板を設置して直接的にテリトリーの所有権を示す行動が多くとられます。これに対し**公共テリトリー**では，花見の場所とりでビニールシートを広げておいたり，席を立つときに自分の荷物を置いておいたりするなどの行為によって，その場所に利用者がいることを間接的に示そうとする行動が多くみられます（図3.7）。

3.2.3 テリトリーの個性化

テリトリーには，その所有者がどのような人物であるのかを表現する働きもあります。自分の部屋を見渡してみてください。そこには自分の家族や趣

図3.7　テリトリー防御行動の例
・テリトリーの種類によってそれを守るための反応は異なったものになる。

味に関するものが飾ってあるのではないでしょうか。このように，1次テリトリーではその所有者を明確に示すため，また自身の居心地を高めるためにさまざまな装飾がなされます。そしてその装飾物にはしばしばその人のパーソナリティや興味などが反映されます。そのようにしてテリトリーを自分らしく装飾することは**個性化**（personalization）とよばれます（図3.8）。

図3.8　テリトリー個性化の例
デスクに写真や趣味のものを飾ったり，コンピュータの壁紙にお気に入りの画像を設定したりするのも個性化の一種である。

テリトリーの個性化は，単に場所の所有者の特徴を他者に伝えるだけでなく，その場所に対する**愛着**（attachment）の強さとも関連します。たとえば，職場や学生寮など一定の空間を他者と共有する環境では，その場所に強く愛

着をもっている人はそうでない人に比べてデスクスペースや自室を個性化する傾向が強くなります。

3.3 クラウディング

繁華街や電車の中など，周囲にたくさんの人がいる場面を混雑していて不快だと感じる人も多いでしょう。このような，その場所が混雑していると感じる主観的体験を**クラウディング**（crowding；混み合い感）といいます。

3.3.1 クラウディングと密度

クラウディングの強さはその環境の密度の高さと強い関係をもちますが，この両者は必ずしも一致しません。たとえば，お祭やライブ会場などは大勢の人がいて密度も高いですが，その密度ほどにはクラウディングは強く感じられません。それに対し，静かに考えごとをしたいと思って訪れた場所に先客が数人いるだけでクラウディングが生じたりします。

しかし一般的には，その場所にたくさんの人がいるほどクラウディングは経験されやすくなります。なお，クラウディングの研究では**空間密度**（spacial density）と**社会密度**（social density）という2種類の密度概念が用いられ，空間密度と社会密度では社会密度の変化のほうがクラウディングに強く影響することがわかっています（図3.9）。空間密度の変化とは，広い部屋から狭い部屋に移動したときのように，人数はそのままで空間のサイズが変化することによって密度が変化する場合を指します。これに対し，社会密度の変化とは，たくさんの人が後から部屋に入ってきたときのように，空間の大きさはそのままでその場所にいる人の数が変化する場合を指します。

3.3.2 クラウディングの影響要因

部屋の明るさや天井の高さなど，その環境の物理的要因によってもクラウディングは変化します。これまでの研究では，正方形よりも長方形の部屋，

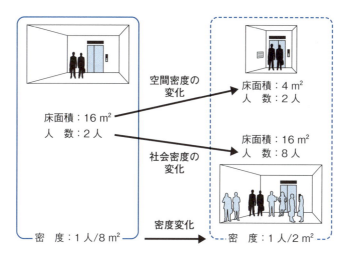

図 3.9 空間密度の変化と社会密度の変化

天井の高い部屋でクラウディングが軽減されることが報告されています。また，暗い部屋よりも明るい部屋のほうがクラウディングが軽減されます。

クラウディングの経験しやすさには個人差もあります。メーラビアン (Mehrabian, A.) は，外部からの刺激を必要なものとそうでないものにスクリーニング（ふるい分け）する程度が個人によって異なることに注目し，刺激をあまりスクリーニングせず，外部刺激の影響を強く受ける人を**ノンスクリーナー** (non-screener)，その逆に不要な刺激をスクリーニングして外部からの影響を受けにくい人を**スクリーナー** (screener) とよびました。この両者では，同じ状況にあってもノンスクリーナーのほうがクラウディングを経験しやすくなります。

また，その状況に自分で対処できると感じられる場合，その状況で経験されるクラウディングは弱まる傾向にあります。反対に，その状況がどうしようもないものだと感じられる場合には，クラウディングがより強く感じられます。このように，環境に対する**統制感**はクラウディングに影響を与えます。

さらに，その状況にどれくらいの人がいると**予測**していたかもその環境に

対するクラウディングに影響します。予想された人数と同程度かそれよりも少ない場合にはクラウディングは弱くなりますが，予想よりも実際の人数のほうが多かった場合にはより強いクラウディングが経験されます。

3.3.3　クラウディングと性差

混み合った状況に対し，男性は女性よりも否定的な反応を示しやすいことが知られています。しかし，寮などの共同生活場面では，男性よりも女性のほうがクラウディングを経験しやすいという報告があります（Aiello et al., 1981）。これは，男性は外に出ることでクラウディングに対処しようとするのに対し，女性は自分の部屋で過ごす時間が長く，ルームメイトとの関わりを多くもとうとすることなどが影響していると考えられています。

3.4　プライバシー

パーソナルスペース，テリトリアリティ，クラウディングのすべてに関係する重要な心理的要素としてプライバシー（privacy）があります。パーソナルスペースやテリトリーは十分なプライバシーを確保するために用いられますし，十分なプライバシーが確保できないと感じられる場面ではクラウディングが生じます（図 3.10）。

3.4.1　プライバシーの定義

プライバシーとはどのように定義されるのでしょうか。環境心理学では，アルトマン（Altman, I.）によるプライバシーの定義がしばしば用いられています。アルトマンによれば，プライバシーとは「自分やその集団に対する他者の接近を選択的にコントロールすること」です。プライバシーを必要とする場合には，他者をできるだけ遠ざけたりして他者との接触を避けようとします。その逆に，他者との接触が少なすぎる場面では孤独感が生まれ，他者との接触を増やそうとします。

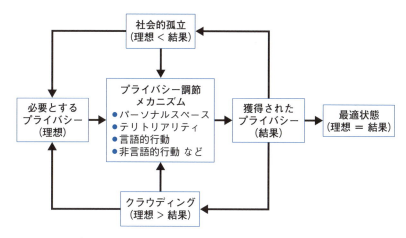

図3.10 プライバシーとパーソナルスペース，テリトリアリティ，クラウディングの関係（Altman 1975をもとに作成）

3.4.2 プライバシーの種類

プライバシー研究の先駆者として知られるウェスティン（Westin, A.）は，プライバシーを「自分自身に関する情報を管理し，いつどのように，そしてどの程度それらの情報を他者に伝えるかを決定できる権利」と定義したうえで，プライバシーを孤独（solitude），親密（intimacy），匿名（anonymity），留保（reserve）の4つのタイプに分類しています。

孤独とは他者から離れて1人でいることで，親密は恋人同士のように親しい間柄で形成されるものです。匿名は他者の間に身をおきながら，個人が識別されたり個人的な交流したりすることを避けることを指し，留保は他者に対して心理的バリアを作り，他者とのコミュニケーションを制限することを指します。槙（2004）は，ウェスティンのこの4種のプライバシーを，コミュニケーションの有無と他者アクセスの有無という観点から表3.1のように整理しています。

3.4.3 プライバシーの調節

プライバシーが不足していると感じたとき，私たちはさまざまな方法でプ

表3.1 プライバシーとコミュニケーション（槙，2004）

		コミュニケーション			
		なし		あり	
他者アクセス	なし	閉じこもり(孤独)	＞	集団隔離(親密)	物理的バリア
				∨	
	あり	公衆(匿名)	＜	公の場(留保)	心理的バリア

ライバシーを確保しようとします。また，プライバシーが多すぎる場合には他者との交流を求めようとします。こうしたプライバシーの調節方法には，**言語的方法**，**非言語的方法**，**環境的方法**，**文化的慣習**などさまざまなものがあります。

　プライバシーが必要な状況で入り口のドアに「入らないでください」というプレートを下げたり，プライベートなことを質問されて答えたくないときに「お察しください」などと言葉を濁したりするのはプライバシー調節の**言語的方法**，パーソナルスペースなどの空間行動は**非言語的方法**といえます。この他，ベールやサングラスなどで顔や目元を隠したり，不機嫌そうな表情で他者を遠ざけたりするのもプライバシーの非言語的調節です。

　周囲に知られたくない話をするときは，周囲に人がいるラウンジのような場所ではなく，ドアを閉めることのできる個室に移動したりすることでしょう。これは**環境的方法**によるプライバシー調節です。また，それぞれの文化には社会生活を円滑にするためのさまざまなルールや**文化的慣習**があり，これらもプライバシーの調節に影響しています。

3.5 まとめ

　パーソナルスペースやテリトリアリティは，プライバシーの調節や対人関係の調節にとって重要な働きをもつものです。私たちは普段，こうしたパー

3.5 まとめ

ソナルスペースやテリトリアリティに関連する行動の多くを何気なく行っており，それらをほとんど意識することがありません。しかし，人々がどうやってお互いに距離やテリトリーを確保しようとしているのかを知ることは，とくにたくさんの人々が集まるような場所や場面の快適性を高めるうえでとても重要なものだと考えられます。

3.1

パーソナルスペースはその相手や状況に応じて大きさが変化すると考えられていますが、ではテリトリアリティが強くなる状況というのはあるでしょうか。あるとしたらそれはどのような状況でしょうか。

memo

日常の場面の中で，クラウディングが生じやすい場面を考えてみましょう。それらの場面では，人々はクラウディングによる不快感を和らげるためにどのような行動をとっているでしょうか。

memo

プライバシーの感覚は，生まれてから大人になるまでの間にどのように変化すると考えられるでしょうか。プライバシーの感覚やプライバシーに対する欲求の強さの年齢的変化について考えてみましょう。

memo

A3.1

　パーソナルスペースと同様に，テリトリーに対する意識も状況によって変化します。たとえば，テリトリーの防御反応が強くなる状況の一つとして**資源の競合**をあげることができます。資源が競合した状況とは，昼休みの食堂のように，数が限られた座席（資源）を大勢の人々が利用するような場面です。花見の時期になると大勢の人々が花見をしようと集まりますが，花見をするための空間には限りがありますので，たくさんの人々の間で花見の場所（資源）を確保するための競争が生じます。

　こうした，限られた資源を他の人たちと争わなくてはならない場面では，いったん資源を確保した人々はそれを他の人に奪われないように，席の上にカバンを置いて席とりをしたり，桜の樹の下にビニールシートを広げて場所とりをしたりと，さまざまなテリトリーの防御反応をみせるようになります。もちろん，誰もいない食堂や花見客がほとんど来ないことがわかっている場所では，そうした防御反応は減少します。

　また，テリトリーは個人がプライバシーを確保するうえで重要な役割をもっています。そのため，プライバシーの確保が必要とされる状況では，テリトリーを防御しようとする傾向も強くなります。たとえば，何か嫌なことがあってどうしても一人になりたいようなとき，ドアに鍵のない自室ではなく，車の中のようなドアに鍵がかかる場所にこもったりするのです。

　さらに，集団の一部として行動する場合よりも，個人として行動する場合のほうが場所に対する所有意識は強くなる傾向があります。つまり，何人かで場所を共有して所有している場合と個人が場所を占有して所有している場合とでは，後者のほうが所有意識が強い分，テリトリーの防御や個性化など，テリトリアリティに関連した行動が多くなると考えられるのです。

A3.2

　日常の場面の中でクラウディングが生じやすい典型的な状況に，ラッシュ時の電車やバスがあります。満員の電車やバスの中では周囲は見知らぬ人だらけですが，それらの人々との間には十分な距離を確保することが困難であり，パーソナルスペースが不足した不快な状態になるからです。

　こうした不快感を緩和するために，電車やバスの中ではさまざまな補償行動がとられています。たとえば，周囲の人々と向かい合わせにならないように体の向きを変えたり車内の吊り広告を眺めたりするのは，周囲の人と視線が交差するのを避けることによって不快感を緩和させようとする行動といえます。また，本を読んだりスマートフォンをいじったりする行動は，他者との視線を避けるだけでなく，自分の世界にこもることによってクラウディングによる不快感を和らげようとしているものと考えることができます。車内でずっと音楽を聴いていたりするのも同様です。

　デパートなど公共の場のエレベーターも，非常に限られた空間の中に見ず知らずの人々が乗り合わせることになるためクラウディングが生じやすい環境といえます。エレベーターの中では，乗り合わせた人々がずっと階数表示を見つめているという場面がよくみられます。もちろん，今何階なのかを知りたいから見ているということもあるかもしれませんが，乗っている間中ずっと表示を見つめている必要はないはずです。やはりこの行動は，周囲の見知らぬ人々と視線が交差するのをできるだけ避けたいという心の表れと考えることができるでしょう。

A3.3

　小さな子供にどこまでプライバシーの感覚があるのかについてはよくわからない部分も多いですが，たとえば小学校高学年頃になると子供部屋に親が入ってくることに対して嫌悪感を示すようになったりなど，プライバ

シーの感覚と心理的・社会的発達の間に関連性があることは容易に想像できます。

子供のプライバシーの発達過程について，ウォルフ（Wolfe, 1978）はさまざまな年齢層の子供たちに「プライバシー」という言葉の意味を尋ね，その答えを少数のカテゴリーに分類するという方法で分析しています。この研究では，子供たちへのインタビューの結果得られた回答は以下の6つのカテゴリーに分類されました。回答におけるこれらのカテゴリーの出現率を年齢別に示したものが図 3.11 です。

- 一人でいること（一人になる，一人でいる，など）
- 情報の管理（他人に秘密を知られないようにする，など）
- 接近のコントロール（自分自身の部屋をもつ，部屋に他人が入ってこられないようにする，など）
- 邪魔されない（自分のすることを邪魔されない，など）
- 静かな環境（落ち着いた場所，静かな場所，など）
- 自律性・選択（自分のしたい通りのことができる，など）

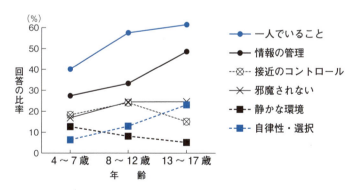

図 3.11　年齢別にみた「プライバシー」の意味についての認識（Wolfe, 1978 をもとに作成）
各回答の比率は，そのグループの回答者人数に占める割合。また，1人の回答が複数のカテゴリに含まれる場合もある。

この結果をみると，どの年代でも「一人でいること」や「情報の管理」に関する答えが非常に多いのですが，回答者比率は年齢が上がるとともに増加していくことがわかります。また，自分のやりたいことができること，という「自律性・選択」の回答は7歳以下のグループではほとんどみられず，年齢が上がるにつれて次第に増加しています。

　この結果でとくに興味深いのは，「接近のコントロール」という回答カテゴリーの比率でしょう。この回答カテゴリーの比率は8～12歳のグループで最大となり，13～17歳のグループでは減少しています。この結果についてウォルフは，8～12歳の子供では，一人になりたいという子供の欲求を彼らの親が十分に認識していないことが原因で葛藤が生じるのではないかと述べています。つまり，子供は一人になる時間が欲しいと思っているにもかかわらず，彼らの親はまだ一人で外出させたりするには幼すぎると考えており，子供の行動範囲は限定されたものになります。そこで子供たちは自室のドアに「入るな！」という貼り紙をしたりして，自分のテリトリーへの他者の侵入を阻止しようとするというのです。

　しかし，子供たちが中学や高校に入る頃（13～17歳）になるとこの状況が変化します。思春期以降になると親たちも子供にプライバシーの欲求があることを十分認識するようになり，また子供自身も活動範囲が広がって子供部屋以外の場所で孤独や親密を確保することができるようになることなどから，場所をめぐるそうした攻防がみられなくなると考えられています。

参考図書

渋谷昌三（1990）．人と人との快適距離——パーソナル・スペースとは何か——　日本放送出版協会

　パーソナルスペースについて，国内外の数多くの研究結果が非常に読みやすくまとめられた一冊です。

インセル，P. M.・リンドグレーン，H. C.　辻　正三・渋谷園枝・渋谷昌三（訳）（1987）．混みあいの心理学——快適空間を求めて——　創元社

　クラウディングとプライバシーについてのさまざまな研究結果が読みやすくまとめられています。

ホール，E. T.　日高敏隆・佐藤信行（訳）（1970）．かくれた次元　みすず書房

　文化人類学者のホールによるパーソナルスペースについての著作。古典ともいえる一冊ですが，人間や動物の距離のとり方や，それらと文化との関係が詳しく説明されています。

アルトマン，I.・チェマーズ，M.　石井真治（監訳）（1998）．文化と環境　西村書店

　人間の空間行動についての研究における第一人者であるアルトマンによる一冊。テリトリアリティについて詳しく書かれています。

第4章 環境と心身の健康

　私たちを取り巻く環境は，私たちの精神的・身体的健康にも影響を与えています。環境は，時として私たちに脅威をもたらすものであり，またあるときには安らぎや癒しを与えてくれるものでもあります。本章では，環境によってもたらされるストレスと癒しについてみていくことにします。

4.1　環境とストレス

　ストレス（stress）とは，何らかの刺激により心や身体の反応に歪みが生じること，あるいはそうした歪みを生じさせる原因のことをいいます。混み合った環境や騒がしい環境など，環境中には私たちに不快感を与えるさまざまな刺激や状況があり，これらが私たちの心身にさまざまなストレスを与えています。こうした環境に起因するさまざまなストレスは，**環境ストレス**（environmental stress）とよばれます。エヴァンスとコーエン（Evans & Cohen, 1987）は，影響力の大きさなどの観点から環境ストレスを**大変動**（cataclysmic events），**ライフイベント**（life events），**日々の厄介事**（daily hassles），**背景ストレッサー**（ambient stressors）の4種類に分類しています（表4.1）。

表4.1　ストレスの分類とその特徴の要約

環境ストレス	強度	持続度	範囲
大変動	強い	一時的だが余波は長期的	広範囲
ライフイベント	中〜強	一時的だが余波は中長期的	狭い
日々の厄介事	弱い	一時的だが繰返し頻繁に発生	狭い
背景ストレッサー	弱い	慢性的	中〜広範囲

大変動とは，地震や台風，原発事故などによる災害や戦争といった，人々の生活に大きな脅威をもたらす出来事のことです。こうした脅威の多くは突発的に発生するもので，予測することが非常に困難です。また，影響を受ける人々の数が非常に多いこともこうした大災害の特徴です。さらに，その脅威に対して個人で対処することはまず不可能で，災害の直接的な影響が治まった後に時間をかけて復興や再建が行われます。

大変動によるストレスは非常に強力なもので，**PTSD**（心的外傷後ストレス障害）を引き起こす場合もあります。しかし一方で，多くの人々とその出来事についての感情や意見を共有することによってストレスが和らげられたり，同じ苦難を経験した人同士の結束が高まったり，国や自治体を含めた他者による支援の機会が得られたりなど，同時に多数の人々が経験するという大変動の特徴がストレスに対してプラスに作用する場合もあります。

ライフイベントとは，引っ越しや結婚，失業など，人生の節目となるような出来事を指します。こうしたライフイベントは，結婚や離婚，出産などによる家族環境の変化，就職や失業，転職などによる就業・経済環境の変化，入学や卒業などによる教育環境の変化というように普段の生活にさまざまな変化をもたらし，そしてそれらの変化が大きくなるほどストレスも大きくなると考えられます。たとえば，ホームズとレイ（Holmes & Rae, 1967）は，ライフイベントが生じた後に普段通りの生活に戻るまでに掛かる時間に基づき，さまざまなライフイベントのストレス強度を**生活変化値**（Life Change Unit；LCU）として数値化しています（表 4.2）。

表 4.2 に含まれるライフイベントには，離婚や死別などの不快な出来事の他，結婚や入学，出産など，一般的に好ましい出来事も含まれています。つまり，出来事が好ましいかどうかにかかわらず，その出来事によって変化が生じ，それに対処して適応する労力が必要な場合には，その出来事がストレスとなる可能性があるのです。

ライフイベントによるストレスに対処するための行動は，災害によるストレスに対する行動と同様に，その出来事が山を越えた後に開始されるのが一

表 4.2 ライフイベント (Holmes & Rae, 1967)

ライフイベント	LCU	ライフイベント	LCU
1. 配偶者の死	100	23. 結婚などでの子供の巣立ち	29
2. 離婚	73	24. 舅姑など姻戚とのトラブル	29
3. 夫婦の別居	65	25. 偉業の達成	28
4. 留置所などへの拘留	63	26. 配偶者の就職・離職	26
5. 近親者の死	63	27. 入学・卒業	26
6. 大きな病気やケガ	53	28. 新築など住環境の変化	25
7. 結婚	50	29. 禁煙など習慣の変化	24
8. 解雇	47	30. 上司とのトラブル	23
9. 夫婦の和解	45	31. 労働時間や労働条件の変化	20
10. 退職	45	32. 引っ越し	20
11. 家族の大病	44	33. 転校	20
12. 妊娠	40	34. 娯楽の変化	19
13. 性的困難	39	35. 教会活動の変化	19
14. 出産や親との同居など家族の増加	39	36. 社会活動の変化	18
15. 合併や再編など仕事上の変化	39	37. 車など少額のローン	17
16. 経済状態の変化	38	38. 睡眠習慣の変化	16
17. 親友の死亡	37	39. 家族団らん頻度の変化	15
18. 職務内容の変化	36	40. 食習慣の変化	15
19. 夫婦の口論回数の変化	36	41. 長期休暇	13
20. 住宅など多額のローン	31	42. クリスマス	12
21. 担保の差押え	30	43. 信号無視など軽微な違反	11
22. 昇進や降格など職務上の責任の変化	29		

般的です。しかし災害とは異なり，ライフイベントによるストレスは一度に少数の人にしか影響を与えません。そのため，他者から支援が得られる機会は災害に比べて少なくなります。

環境ストレスの分類の3つ目である**日々の厄介事**とは，電車が混雑している，通学時間が長い，友人と喧嘩した，など，日常生活の一部として経験されるさまざまな不快な出来事を指します。日々の厄介事によるストレスは大災害やライフイベントに比べて小さく，またその影響も短期的なものであることがほとんどです。しかし，日常的，慢性的に繰返し経験されることが多いため，それらの影響が積み重なって私たちの心や身体に大きな影響を与え

る場合があります。

　4つ目の分類である**背景ストレッサー**とは，汚染や騒音，住居過密，交通渋滞など，慢性的で不快な環境の特徴あるいは状態を指します。日々の厄介事と同様に，これら背景ストレッサーは多くの場合非常にありふれたものであり，一つひとつの影響は弱いものがほとんどです。軽度の大気汚染や水質汚染などのように，気づくのが困難なものもあります。しかしながら，こうしたストレスが複数積み重なったり長期的に続いたりすることによって，健康被害などの深刻な影響が出る場合があります。また，通学時間が長いといった日々の厄介事は特定の人にだけ影響するのに対し，大気汚染などの背景ストレッサーはより多くの人々に同時に影響し，個人の努力によって解決することが難しい場合がほとんどです。

4.1.1　ストレスの影響要因

　同じ環境であっても，ストレスとして感じられる場合もあればそうでない場合もあります。また，同じ環境に対して，ある人はストレスと感じ，別の人はストレスと感じないということもあります。なぜこのようなことが起きるのでしょうか。

　環境がストレスとして感じられるかどうかは，その環境を人がどのように認識するかに大きく影響されます。ストレスの心理学的モデルとして代表的なラザラス（Lazarus, R. S.）のストレスモデルをもとに認知的評価とストレスの関係を示したのが図4.1です。

　ラザラスのストレスモデルでは，認知的評価には**1次的評価**（primary appraisal）と**2次的評価**（secondary appraisal）の2種類があります。1次的評価とは，その環境や出来事が自分自身に関係するものなのか（**関係性**），それが自分にとって脅威となり得るかどうか（**脅威・挑戦**）についての評価です。ある出来事が自分には関係ない，自分にとって大したことではないと評価された場合，ストレスとしては感じられません。しかし，それが自分にとって重要な出来事であると判断された場合には，ストレスとして感じられ

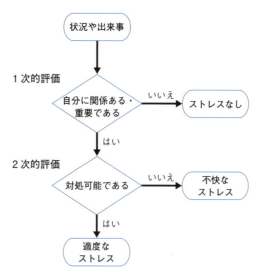

図 4.1　ラザラスのストレスモデル

る可能性が生じます。さらに、その出来事が自分にとって脅威であると評価される場合と、それが自分に対する挑戦であると評価される場合とでも、出来事に対する感じ方が変化します。

　1次的評価によって自分に脅威をもたらす出来事だと判断されると、その後に2次的評価が行われます。2次的評価とは、ストレスの原因となる刺激や状況に自分自身が対処できるかどうかの評価です。その状況に自分で対処できると評価された場合、経験されるストレスの程度は弱まります。しかし、その状況が自分の手に負えないと評価された場合には強いストレスが経験されることになります。

　第1章でもふれたように、ストレスの認知評価には状況に対する**統制感**、つまりその出来事に対処できると感じるかどうかが大きな影響をもっています。たとえば騒音を用いて参加者にストレスを与える実験では、実際に騒音を止めたかどうかにかかわらず、ボタンを押せば騒音を止められるとわかっているだけで不快感が低減することが確かめられています（Glass & Singer, 1972）。

また，現実にはまだ何も起こっていなくても，過密などの不快な出来事を経験しそうだという予測がなされるだけでもストレスは感じられます。そして，大地震後の余震のように，かなりの確率で発生するがそれがいつかはわからないといった場合には，今週末に非常に強い台風が上陸するだろうというように時期の予測が容易な場合に比べてストレスが強くなります。

　さらに，起こるだろうと予測される出来事が，数年後，数十年後といった先のことである場合と，今日明日といった場合とではストレスの評価も変化します。一般的には，ずっと先の出来事よりも，すぐにやってくると予測されるほうがストレスは強くなります。

　1次的評価や2次的評価において，ストレス要因の数やその出来事の統制可能性，予測性や即時性などといった特徴を評価する際には，知能や過去の経験，動機づけなど，個人の心理学的要因も影響します。そのため，同じ環境が人によってストレスとして感じられたり感じられなかったりするのです。

　ストレス評価の個人差要因には，第3章でふれた**スクリーナー**と**ノンスクリーナー**のような特性も含まれます。たとえば，外部からの刺激を要・不要でふるい分けすることの少ないノンスクリーナーは，不要な刺激をふるい分けできるスクリーナーに比べて環境刺激による影響を受けやすく，環境ストレスをより感じやすいと考えられます。

　また，ストレスへの耐性と関連の強い個人差の一つとして，**関与**（commitment），**挑戦**（challenge），**統制**（control）の3つの要素で構成される**ハーディネス**（hardiness）とよばれる特性があります。ハーディネスの高い人は何事に対しても積極的に関与し，さまざまな出来事を自分が成長するための挑戦ととらえ，それらの出来事を自分でコントロールできると感じやすい特徴をもちます。一般に，ハーディネスの高い人はストレスへの耐性が強く，ストレス下にあっても健康を損ないにくいことが知られています。

4.1.2　ストレスへの対処

　ストレスを少しでも和らげようとさまざまな対処行動をとることを**コーピ**

ング（coping）とよびます。ラザラスとフォークマン（Lazarus & Folkman, 1984）は，コーピングを**問題焦点型コーピング**（problem focused coping）と**情動焦点型コーピング**（emotion focused coping）の2つに分けています。**問題焦点型コーピング**とは，ストレスを感じさせる問題（原因）を取り除くことによって，不快感を弱めようとするコーピングのことです。たとえば，テレビの音がうるさいのであれば，テレビの音量を下げるかテレビを消すことで問題は解決します。また，アベリル（Averill, 1973）は，このように環境に対して行動的に働きかけて対処することを**行動的コントロール**（behavioral control）とよんでいます。

しかし，そうした働きかけが可能な場合ばかりではありません。たとえば，通学電車のラッシュが不快だからといって，他の乗客が電車に乗れないようにしたり，自分専用の車両を作ったりすることは現実的な問題として不可能です。このような場合，通学に使う路線を変える，早めに家を出て混雑の少ない時間帯の電車を使うといった方法がとられます。このような，同じような効果をもった複数の選択肢のうち自分にとってもっとも好ましいと考えられるものを選択決定することは**選択コントロール**（decisional control）とよばれます。

これに対し，**情動焦点型コーピング**は，できるだけストレスを感じさせる出来事のことを考えないようにしたり，あるいは「○○線に比べればこれくらいのラッシュはマシなほうだ」など，自分がおかれた状況に対する考え方を変化させることによって不快感を低減させようとするものです。なお，このような対処の仕方は**認知的コントロール**（cognitive control）とよばれることもあります。

4.2 環境と癒し

環境は単に私たちにとってストレス源となるだけではありません。ストレスを和らげてくれたり，疲労からの回復を助けてくれるものでもあります。

ストレス緩和や疲労回復促進に促進的に作用する環境は**回復環境**（restorative environment）とよばれ，環境心理学の中でも近年とくに大きな注目を集めるようになりました。

4.2.1　自然環境と回復効果

　回復環境の代表的な例として緑豊かな自然環境をあげることができます。これまでの研究では，自然豊かな環境にはストレスを緩和したり，疲労回復を促進したりする効果のあることが数多く報告されています。

　自然による回復効果の研究として代表的なものにアルリッチの研究（Ulrich, 1984）があります。彼は，外科手術で入院した患者を対象として，自然の眺めが手術後の回復に与える影響について検討しました。窓越しに樹木が見える病室に入院した患者群と茶色いレンガ壁だけが見える病室に入院した患者群とを比較したところ，樹木が見える病室の患者群はレンガ壁しか見えない病室の患者群に比べて入院期間が約1日短く，強い鎮痛剤の使用量が少なかったなど，窓から見える自然の眺めが患者の術後回復に有効に作用したと考えられる結果がみられました（図 4.2）。

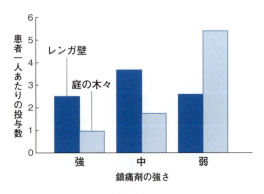

図 4.2　病室の窓の眺めと鎮痛剤の投与数（Ulrich, 1984 をもとに作成）

　このような自然の眺めによる**回復効果**（restorative effect）は病院以外の環境でも多数調査されており，オフィスや住宅環境などにおける自然の眺め

が**心理的ウェル・ビーイング**（psychological well-being）に好ましい影響を与えることが示されています。なお，心理的ウェル・ビーイングとは，幸福感や満足感が高く，心理的に健康なより良い状態にあることをいいます。さらに，自然の眺めによる回復効果は，自然風景を撮影したビデオや写真，観葉植物などによっても得られることが示されています。

　自然体験によるストレス緩和や疲労回復と聞いて**森林浴**を思い浮かべた人も多いことでしょう。森林浴は 1980 年代に林野庁によって提唱され，広まったものです。森林浴による心理的ストレス低減効果は，高山（2012）によって詳細に検討されています。高山によれば，森林中の散策はリフレッシュ感を向上させ，座って森林の風景を眺めるといった活動では疲労感の低下やリラックスなどの効果がみられます。

4.2.2　小さな回復体験

　都市部で生活している人々にとって，日常的に大自然を体験したり森林浴に出かけたりするのはなかなか難しいことかもしれません。しかしすでに述べたように，自然による回復効果は窓からの眺めのようなちょっとした自然体験からでも得られるものです。カプラン夫妻（Kaplan, R., & Kaplan, S.）は，窓からの眺めや風景写真などによるちょっとした自然体験を**小さな回復体験**（micro-restorative experiences）とよび，そうした経験の積み重ねが精神的疲労の回復にとって重要であることを指摘しています。

　また，こうした自然体験は，精神的疲労やストレスをとくに感じていない人にとっても有用だと考えられています。たとえばハーティグ（Hartig, 2012）は，自然体験には単に精神的な疲労を回復させる効果があるだけでなく，ストレスに対処したりするための心的資源を増強する**資源増強効果**（instorative effect）があると主張しています。

4.2.3　自然に対する感情と回復効果

　自然体験や自然の眺めによる回復効果はどのような仕組みで生じるのでし

ょうか。環境による回復効果を説明する考え方の代表的なものとしては，アルリッチ（Ulrich, R.）による**ストレス低減理論**（stress reduction theory）と，カプラン夫妻（Kaplan, R., & Kaplan, S.）による**注意回復理論**（Attention Restoration Theory）があります。

　アルリッチの**ストレス低減理論**では，自然環境によってストレスが緩和される過程において，自然に対する感情反応が大きく関与していると説明されます。私たち人類は，進化の過程において自然の過酷な生存競争を生き抜いてきました。自然の中で生活する人類にとって，緑豊かな環境は食料を提供してくれるだけでなく，外敵から身を隠す場所を提供してくれるものでもあり，生存競争にとって有効に作用するものであったと考えられます。その結果，私たち人類は進化の過程で自然の風景に対して反射的に好ましさを感じるようになったというのがアルリッチの考えです。アルリッチのモデルでは，自然環境に対して生じるこうした**快感情**が，ストレスによる負の影響を緩和すると説明します（図 4.3）。

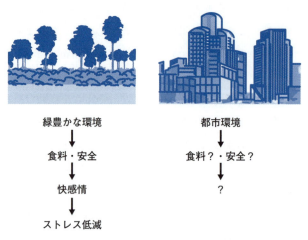

図 4.3　アルリッチのストレス低減理論

　アルリッチの考えでは，自然風景に対する快感情は進化の過程で獲得されてきた生得的なものであり，自然に対する心理反応として非常に基本的なも

のだといえます。しかし，人々が都市環境で暮らすようになったのは人類の歴史の中ではごく最近のことであるため，都市環境に対してはそのような生得的な感情反応はまだ形成されていません。そのため，都市風景からは自然風景のような回復効果が得られないと考えられます。

人が生まれつき自然を好むという考え方は，社会生物学者ウィルソン（Wilson, E. O.）の**バイオフィリア**（biophilia）の考え方にもみることができます。バイオフィリアとは，バイオ（生命）とフィリア（愛）からなる造語で，人間が他の生命に対してもつ心理的な結びつきを意味します。

特定の特徴をもった自然環境が好まれるという考え方は，**環境の好み**についての理論の中にも多くみられます。たとえば，オーリアンズ（Orians, G. H.）の**サバンナ仮説**（savanna hypothesis）では，人類の起源が中央アフリカのサバンナにあるとされることから，人は自然環境の中でもとくにサバンナのような風景を好むようになったと説明されます。

また，アップルトン（Appleton, J.）の**見晴らし－隠れ家理論**（prospect-refuge theory）では，人類が自然界の生存競争の中で生き残るうえで，敵や獲物の存在に素早く気づくことができる**見晴らし**の良さと，敵から自分の身を隠すことができる**隠れ家**的な特徴が非常に重要な要素であったと考えられることから，この両方の要素を合わせもつ環境が好まれるようになったと説明されます。

4.2.4 認知的情報処理と回復効果

アルリッチの理論が人の感情反応に注目するのに対し，カプラン夫妻の**注意回復理論**は人の認知システムの一つである**注意**の側面から自然環境による回復効果を説明しています。この理論では，意識的に集中させることの必要な注意とそうでない注意の2つの注意システムを仮定しています。意識的な集中が必要な注意とは，本を読んだり仕事をしたりといった，集中力を必要とする作業の際に使用される注意です。これに対し，意識的な集中が必要でない注意とは，きれいな景色に魅了されるような状況で働く注意です。

集中力を必要とする作業では，意識的に注意を集中させるための労力が必要であり，そうした作業を長時間行うことによって精神的な疲労が生じます。これに対し，何かにふと目を奪われるような注意では，意識して集中を維持させる必要がないので精神的な疲労は生じません。そして，意識的な集中が必要な注意の使用によって生じた精神的疲労は，意識的な集中を必要としない注意が働いている間に効率的に回復することができると考えられています（図4.4）。

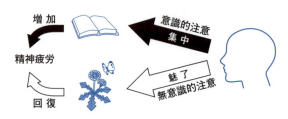

図4.4　カプラン夫妻の注意回復理論

　カプランらのモデルでは，精神的疲労の回復に効果的な環境の**回復性**（restorativeness）の主要な要素として，**逃避・非日常**（Being Away），**魅了**（Fascination），**広がり**（Extent），**適合性**（Compatibility）の4つがあげられています（表4.3）。このモデルでは，緑豊かな自然の風景には人の注意を引きつける特徴が多く含まれており，それが精神的疲労の回復を促進すると説明されます。また，表4.3の適合性の説明にもあるように，カプランらのモデルにおいても，人が自然豊かな眺めを好み自然環境によって癒されやすい理由として，進化論的なメカニズムが仮定されています。

　より最近では，**知覚的流暢性**（perceptual fluency）という観点から自然による回復効果を説明しようとする考え方もあります。知覚的流暢性とは，知覚情報処理が脳内で素早く正確にできる程度のことです。環境中のさまざまな刺激には，人の脳が素早く正確に処理できるものもあれば処理に時間がかかったり処理を誤りやすいものもあります。たとえばカプランらのモデルで

表 4.3　回復環境の構成要素

要素	説明
逃避・非日常	日々のストレスを忘れさせてくれるような環境の特徴。都市で生活する人々にとって，自然環境は非日常をもたらしてくれる要素となる。
魅了	人の注意を引きつける環境の特徴。美しい風景や草花など，自然の眺めには人々の注意を引きつける要素が多く含まれている。
広がり	広々として見渡しが良いという空間的特徴の他，小道のようにその先に広がりがあることを予測させるような特徴や，ミニチュア模型のように「1つの世界」を感じさせるような要素もここに含まれる。
適合性	人々の行動と環境の特徴との一致の程度。私たち人類は自然環境の中で進化してきたため，狩りをしたり，散歩をしたりなど，自然環境ではさまざまな行動をとることができる。そのため，自然環境と人間行動の適合性は高い。

は，自然環境によって精神的疲労の回復が促進されるのは緑豊かな自然環境が人間にとって情報処理のしやすいものだからだと説明されます。これはつまり，緑豊かな自然環境は人間にとって知覚的流暢性の高いものだということになります。

　また，これまでのさまざまな研究において，知覚的流暢性の高い刺激や対象はそうでないものに比べて親しみが感じられやすく，好ましく感じられやすいことが指摘されています。そのため，自然風景の知覚的流暢性の高さが自然風景に対する好ましさを高め，その快感情がストレス低減効果を高めるとも考えられます。このように，知覚的流暢性による説明は，カプラン夫妻のモデル（認知処理の効率）とアルリッチのモデル（快感情による回復）の両方を取り込んだものとなっています。

4.3　まとめ

　私たちを取り巻く環境は，私たちにとってストレスを感じさせるものである一方で，そうしたストレスからの癒しを提供してくれるものでもあります。

多くの人々にとって，環境からのストレスの一つひとつはそれほど大きなものではないかもしれません。しかし，そうしたストレスが日々積み重なることにより，身体的・心理的な影響が現れてくる可能性もあり得ます。そうした日々のストレスを緩和し，精神的に健康な状態を維持するためにも，リラックスできる環境をもつことはとても重要です。

Q4.1

交通騒音や工事現場の騒音，ジェット機の騒音など，生活環境における騒音の影響について考えてみましょう。長期的にそのような騒音にさらされることでどのような問題が生じると考えられるでしょうか。

memo

Q4.2

自然豊かな環境の中には，人々の注意を引きつける魅了の要素が多く含まれています。しかし，自然環境だけが魅了の要素をもっているわけではありません。人々の注意を自動的に引きつけるような魅了の要素をもつ環境として，他にどのようなものがあるでしょうか。

memo

4.3

　自然の眺めによるストレス緩和や疲労回復などの回復効果を説明する理論では，自然による回復効果に進化論的（遺伝的）なメカニズムを想定しています。では，自然による回復効果の程度は誰にとっても同じなのでしょうか。それとも，人によって自然から受ける回復効果の程度に違いがみられるのでしょうか。

memo

4.1

　環境心理学では，騒音の問題はかなり古くから扱われてきました。「爆音」とよばれるような大音量の騒音による影響としては聴覚損失などが考えられます（なお，イヤフォンなどを通した音楽も聴覚にダメージを与える可能性が高く，音量をあげすぎたり長時間聴き続けたりしないよう気をつける必要があります）が，慢性的な環境騒音による影響にはどのようなものがあるでしょうか。

　まず，慢性的な騒音による身体的健康面への影響としては，睡眠障害，高血圧や心臓血管系疾患の増加があげられます。これまでのさまざまな研究において，騒音にさらされることが血圧の上昇や心拍数の変化，コルチゾールやカテコールアミンなどストレスホルモンの増加につながることが示されています。

　心理面への影響としては，イライラや疲労感の増加があげられます。たとえば，夕方に行われる大学の授業で，授業中に換気扇を回し続けた場合とそうでない場合で学生の疲労感を比較した研究では，授業中に換気扇の騒音があった場合にはそうでない場合に比べて疲労感が高まることが示されています（Persinger et al., 1999）。

　また，騒音が子供に与える影響についてもさまざまな研究がなされています。たとえば，小学生を対象とした研究では，慢性的な騒音にさらされている子供はそうでない子供に比べて読み能力が低いことや，記憶課題の成績が悪いことなどが示されています。

　このように，騒音は単に不快であるというだけでなく，健康問題や認知的発達の遅れなどにつながる可能性もあるので注意が必要です。

4.2

　人々の注意を引きつける魅了には，大きく分けて激しい魅了（hard fascination）と優しい魅了（soft fascination）の2つのタイプがあります（Kaplan, 1995）。激しい魅了とは，スポーツ観戦やギャンブル，ビデオゲームなどに対して，人々の注意が釘づけになっているような状態です。こうした状態は，確かに注意が引きつけられ，そしてストレスからの気晴らしにはなるのでしょうが，対象にのめり込んでしまうような状態になるため，十分な心理的回復効果は期待できません。

これに対し，自然の美しい眺めを見たときのように，自然に目を奪われつつも，心にゆとりがあり，考えごとをすることが可能な状態が優しい魅了です。少し比喩的な表現ですが「心が洗われる」ような感覚が得られるのがこの状態です。本文中にも述べたように，この優しい魅了は精神疲労からの回復にとって重要な働きをもつと考えられています。

なお，優しい魅了を引き起こす対象は自然の眺めだけとは限りません。たとえば美しい絵画などの芸術作品も，こうした優しい魅了を引き起こす対象となり得ます。実際，カプランらは美術館がもつ回復環境としての特性について研究しています。この研究では，人々が美術館でも魅了を経験し，心理的に回復している可能性が示されています。また，その他には修道院を対象とした研究も行われています。

ただし，美術館における魅了や心理的回復は美術館が好きでよく訪れる人のほうが大きくなる傾向にあるなど，こうした環境における心理回復の程度は自然の眺めの場合に比べて個人差が大きくなりやすいことが指摘されています。また，魅了そのものではなく回復環境についての研究になりますが，最近ではお気に入りの場所や自宅，カフェなどのもつ回復特性についても検討がなされています。

A4.3

自然による心理的回復効果の程度にも個人差はみられます。たとえば，自然豊かな環境から得られる回復効果には，その人の環境に対する好みや，

自然との心理的つながりの強さが影響することが示唆されています。また，都市部の緑地による健康への影響は女性よりも男性で強くなるというように，影響の程度が男女で異なる可能性もあります。

　進化や遺伝と聞くと，全員に共通で個人差などないかのように感じられるかもしれませんが，実際にはそうではありません。たとえば，私たちの顔の形や皮膚の色，髪質，体格，特定の病気に対する弱さ（「ガン家系」などという表現があります）などは，いずれも大きく遺伝の影響を受けていますが，人のもつ遺伝情報はそれぞれ個性があり，さまざまに異なっています。

　また，仮に進化的に万人共通の特性があったとしても，人がもっているほとんどの特性は，遺伝だけでなく環境（経験）による影響も受けていますので，結果的には一人ひとり異なったものになることでしょう。遺伝と環境の関係については心理学でもさまざまな領域で古くから議論されてきたことは第1章にも述べた通りですが，安藤（2000）はその関係を遺伝（遺伝子型）が楽譜，環境は演奏家というように音楽に例えて表現しています。同じ楽譜を演奏しても演奏家によってそれぞれ表現の仕方や解釈の仕方が異なるため，私たちが実際に聞く音楽（表現型）が完全に同じになることはありません。

　同じ楽譜なら完全に同じ演奏になるはずではないかと思うなら，CDショップなどでクラシックのピアノ曲コーナーをのぞいてみるとよいでしょう。同じ曲を何十何百というピアニストが演奏しています。そして，それらのいくつかを試聴してみれば，同じ曲であっても奏者によってそれぞれ雰囲気が異なることがわかるはずです。もちろん，奏者によって音楽に違いが生じるとはいっても，基本的に同じ楽譜を演奏しているのですからまったく別の曲になるわけではありません。演奏家によってモーツァルトのピアノソナタがバルトークのピアノソナタになることはないですし，「結婚行進曲」が「葬送行進曲」になったりもしないわけですが，それぞれの

演奏から受ける印象は異なったものになっているはずです。

　さて，自然による心理的回復効果に話を戻しましょう。自然による回復効果を説明する理論の多くでは進化論的なメカニズムが想定されています。しかし，じつをいうとそれがどこまで進化的（生物学的）なものなのかについてはよくわかっていません。知能やパーソナリティ（性格）の分野では双子を対象とした研究などによって遺伝の影響が検討されていたりしますが，自然による回復についてはそうではありません。

　また，仮にそうした研究を行っても，これらのメカニズムが進化的なものであるという証拠を得ることは困難でしょう。注意回復理論など，現在提唱されている理論についての研究やそれらの理論を用いた研究では，おおむね理論を支持する結果が得られています。しかしそれが示すのは，それらの理論的枠組みを用いてデータや現象をうまく説明できるということであって，それが本当に進化の結果であるかどうかまではわからないのです。

参考図書

岩田　紀（編）(2005). 現代社会の環境ストレス　ナカニシヤ出版
　都市生活や住環境のストレスなど，環境からのストレスによる影響についてまとめられた一冊です。社会の情報化によるストレスなど，現代社会におけるストレスが幅広く取りあげられています。

カプラン, R.・カプラン, S.・ライアン, R. L.　羽生和紀（監訳）(2009). 自然をデザインする——環境心理学からのアプローチ——　誠信書房
　より好ましい自然のデザインのために，具体的な応用例を踏まえながら自分たちの理論を一般の人々向けにわかりやすく説明した書籍。カプランらの著作のうち，現時点で日本語で読める唯一のものです。

ウィルソン, E. O.　狩野秀之（訳）(2008). バイオフィリア——人間と生物の絆——　筑摩書房
　社会生物学者のウィルソンが，バイオフィリアの考え方について自身の経験を踏まえながらエッセイ風に語る一冊です。

第5章 環境と住まい

私たちの日々の暮らしにとって住まうという行為は非常に基本的なものであり，その環境もまた非常に重要です。一人暮らしを始めるとき，転勤で引っ越しをするときなど，自分が住む場所を決める際には家賃，部屋の広さや間取り，部屋の設備，駅やスーパーからの距離等々，いろいろな条件が考慮されます。部屋の広さや立地条件などは，日々の暮らしと関係する環境の例としてイメージしやすいものでしょう。本章では，住宅とその近隣にまつわる問題についてみていくことにします。

5.1 住環境

私たちの生活にとって，「家」は非常に重要な意味をもつ場所です。第3章でも述べたように，家はその住人にとっての**1次テリトリー**としての役目をもち，安全を提供してくれたりストレスからの回復を提供してくれたりします。また，お金持ちや由緒ある家柄の人の多くは大きくて立派な家に住んでいるというように，家にはそこに住む人々の**社会的地位**を示すものとしての役割もあります。

5.1.1 住居，居室の心理的意味

住居に関する心理学的研究では，物理的な構造物としての住宅である「**ハウス**」（house）と，より心理的な意味合いの強い「**ホーム**」（home）が区別されます。建物としての住宅（ハウス）があったとしても，心理学的にみてそこがその人にとってわが家（ホーム）とよべる場所になっていないこともあり得るのです。

次の場面を想像してみてください。

大学進学が決まり，あなたは親元を離れて一人暮らしをすることになりました。費用の節約のために，必要な家具があらかじめすべて備え付けられた部屋に住むことにしました。家具を運ぶ必要がないので引っ越し作業もほとんどなく，引っ越し翌日から生活を始めることができました。初めての一人暮らし！　しかししばらくして，だんだんと後悔するようになりました。備え付けの家具や家電はなんだか自分の好みに合わないし，気分転換に部屋の模様替えをしたくても備え付けの家具を勝手に捨てたり買い替えたりはできない。なんだか他人の部屋に寝泊まりさせてもらっているような感じがして，そんなところに友人をよぶ気分にもなれません。結局，その部屋で過ごすことが苦痛になり，数ヵ月後に別のところへ引っ越すことになりました。

　少し極端な話かもしれませんが，これは生活のための空間があるにもかかわらず，そこを自分の家だと感じられなかった例です。生活に必要な空間や道具がそろっていたとしても，自分らしさが感じられず，友人との交流もできない場所に対しては，そこが自分の家であるという感覚は生まれにくくなります。

　デプレ（Després, 1991）は，家がもつ意味に関するそれまでの研究を整理し，自分の価値観が反映できること，家族や友人などとのつながりがもてることなど，家には居住者にとっての心理学的な意味が多く含まれていることを示しています（表 5.1）。また，ドーヴェイ（Dovey, 1985）は，家にはその住人にとってのアイデンティティ（identity）の一部としての役割があることを指摘しています。アイデンティティとは，自分らしさについての意識や感覚のことです。

　家は，それそのものが自己のアイデンティティの一部になるだけでなく，住人のアイデンティティが強く反映される対象でもあります。数年前，ある漫画家の自宅兼事務所の外観デザインが大きな話題になったのを覚えているでしょうか。これほどまでではなくとも，家を建てるときに外観や内装のデ

5.1 住環境

表 5.1　居住者にとって家がもつ意味（Després, 1991 をもとに作成）

意　味	説　明
物質構造	家は，広さや間取り，建物のデザイン，近隣環境など，さまざまな物理的次元を含むものである。
所有する場所	居住者がその場所を所有するということにより，安定した家族生活の基礎が築かれる。
活動の中心	家は，仕事や趣味，基本的欲求を満たす活動の中心となる場所である。
安全・管理	家は自分で管理できる唯一の場所であり，身体的な安全を感じることのできる場所である。また，自由に行動できる場所でもある。
外界からの避難所	家は，プライバシーを確保でき，外部のプレッシャーから逃れられる場所である。
永続性・連続性	家は，子供時代など過去とのつながりや，将来の目標など，時間的な要素を含むものである。
他者との関係	家は，家族や友人など，大切に思う他者との関係を強め，安定させる場所である。
働きかけ	居住者は，家に対して物理的，経済的，感情的にさまざまな働きかけを行う。
価値観の反映	家具や室内外の装飾などを通じて，家には居住者が自分をどのように見ているか，あるいは他者からどのように見られたいかが象徴されている。
地位の指標	家は，居住者の社会的地位を示すものである。

ザインにこだわったり，好みの装飾を行ったりと，そこに生活する人の趣味嗜好や価値観が家に反映されている例はたくさんあります。このような行動は，テリトリーに対する**個性化**（第 3 章 3.2.3 参照）の点からも説明できます。

　建物としての家にこうした心理的な意味が付加されることによって，そこがわが家であるという感覚が強まります。これに対し，家に対して心理的なつながりがもてず，わが家だと感じられる場所がない場合には，家がもつ休息や回復などの重要な機能が十分に作用せず，健康上の問題が引き起こされる可能性もあります。

　たとえば，地震などの災害によって家を失い転居を余儀なくされた場合や，

家族の仕事の都合などで住み慣れた土地を離れなくてはならなくなった場合などには，単に住む場所が変わるというだけでなく，それまで生活していた場所との心理的つながりが失われることになり強いストレスが生じます。小俣（1997）は，こうした転居によるストレスに対しては，お気に入りの家具など自分と関連の深いものを転居先にもっていくこと，転居前の生活とのつながりを確保するように居住空間を自分らしく装飾することなどが重要であると指摘しています。

私たちが住居について考えるとき，広さや間取りといった空間的な部分にばかり注意が向きがちです。しかしここまでみてきたように，**生活の質**（quality of life；**QOL**）を高めるためには，住居のもつ心理的意味や心理的役割についても考えることが重要です。

5.1.2　家の中のテリトリー

家は家族にとっての**テリトリー**ですが，その家の中にはさらに各家族構成員にとってのテリトリーが存在します。たとえば既婚女性の多くはキッチンを自分のテリトリーとしてとらえていたりします。このような家の中におけるテリトリーもまた，精神的健康やQOLにとって重要な要素です。

家の中におけるテリトリーの代表的なものは**子供部屋**でしょう。子供部屋の是非や役割については，これまでさまざまな議論や研究が行われてきました。これまでの研究では，子供部屋の存在が子供の**アイデンティティ**の確立や**精神的自立**に有効に作用することが示されています。ただしそのためには，個室で一人になって考えごとをするという行為や，部屋を自分らしく飾り立てる**個性化**などを通じ，その部屋との間に心理的結びつきが形成されていることが重要です。

また，子供のアイデンティティ確立や精神的自立には子供部屋における子供の**プライバシー**の尊重も重要です。勝手に子供部屋に入ったり子供部屋に家族の物を置いたりするなど，親は子供の空間にむやみに侵入しがちですが，小俣（1997）もいうように，子供のプライバシー確保のためには大人が子供

の空間を尊重し，そうしたことがないようにしなくてはなりません。

5.1.3　高層住宅の心理的影響

　都市部ではタワーマンションとよばれるような超高層の集合住宅が数多く建設されています。高層，超高層の基準は明確ではありませんが，一般的には6階以上を高層，20階以上を超高層とよぶことが多いようです。

　1970年代以降，高層・超高層の集合住宅が多数建設されるようになると，高層集合住宅の居住性に関する研究もさまざまに行われるようになりました。近年の超高層住宅を対象とした研究はまだ多くありませんが，初期の高層・超高層集合住宅に関する研究結果では，居住ストレス，子供の発達への影響，防犯上の問題など，いくつかの点で問題が指摘されています。

　たとえば渡辺と山内（1982）は，戸建住宅と高層集合住宅とで住環境における不安や不満を比較しています。その結果の一部をまとめたものが表5.2です。表には高層集合住宅で回答率が高い順に10件を示してあります。また，それらの項目に対する戸建住宅での回答率も同時に示してあります。表5.2にみられるように，高層集合住宅では災害時の避難に関する不安やスペースの少なさによる不満が戸建住宅の場合よりも高いことがわかります。また，高層階では閉塞感や孤立感が高まりやすく，居住ストレスが強くなりやすいことなども指摘されています。

　ただし，高層集合住宅だからといって居住ストレスが必ずしも高いわけではありません。渡辺（1994）による報告では，高層・超高層の公共住宅に比べて民間の超高層住宅の居住ストレスは低く，戸建住宅とあまり変わらないものになっています（図5.1）。また岩田（2001）においても，高所得者でなければ入居できないような超高層住宅では高層階の住人ほど居住満足度が高くなることが述べられています。

　これまでの研究で戸建や低層住宅よりも高層住宅のほうがストレスが強かった一因として，初期の高層住宅は住宅不足解消のための住居の大量供給手段という側面が強かったということが考えられます。これに対し，近年の高

表 5.2 高層集合住宅と戸建住宅の住環境に対する不安・不満点（渡辺・山内，1982 をもとに作成）

不安・不満	高層住宅での回答率（%）	戸建住宅での回答率（%）
1. 庭がない	89.4	13.4
2. 大きな地震が来たとき不安	86.1	51.7
3. 増築の余地がない	84.9	22.4
4. 部屋数が少なく客を呼んだり泊めたりするのに苦労する	72.5	32.8
5. 使わない家具や季節ものを入れておく場所がない，狭い	71.8	38.3
6. 非常時の避難に不安がある	71.2	17.4
7. 室内に物干しできる場所がない	70.6	35.8
8. 押し入れが少ない，または使いにくい	66.7	33.3
9. 上下両隣の家の音や振動が伝わってくる	65.7	14.4
10. 浴槽，洗い場が狭い	63.9	16.4

高層集合住宅での回答率が高い順に上位 10 件を示した。

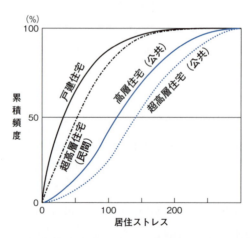

図 5.1 **住居形態と居住ストレスの累積分布**（渡辺，1994）
図の線が右側に寄っているほど，居住ストレスの強い居住者の比率が高いことを意味する。戸建住宅や民間の超高層住宅では居住ストレスの合計値が 50 以下である居住者が半数以上であるが，公共の高層・超高層住宅では居住ストレス値 100 以上が半数を超える。

層住宅は眺望や都会的なライフスタイルを売りにした高級住宅であることも多く，過去の研究で指摘されてきた高層階における居住ストレスのいくつかは，現在の高層集合住宅にはあてはまらない可能性があります。また，近年の都市部の戸建住宅は庭がなく小さな区画に隣家と密着した形で建てられているものも少なくないため，表5.2のスペースの少なさに関する不満は集合住宅に限ったことではなくなってきているかもしれません。

　しかし，災害時の避難経路の問題は現在でも変わりません。高層階では地上への移動手段をエレベーターに強く依存しており，災害時にエレベーターが停止した場合，移動手段は非常階段のみとなります。地上20階以上ともなると階段による避難は非常に困難で，なんとか避難できたとしても今度は自宅に戻れなくなってしまう可能性があります。実際，先の東日本大震災の際には地震やその後の停電によってエレベーターが停止し，高層階にある自宅に戻れないという事例が複数発生しました。

　これとは別に，高層階居住は子供の自立を遅らせるという研究もあります。たとえば織田（1990）は，高層階に住む子供には低層階の子供に比べて基本的日常生活習慣の自立に遅れがみられることを報告しています。また谷口と定行（1989）も，幼児の自立を遅延させやすい要因の一つとして居住階数をあげています。高層階に住む世帯は低層階の世帯に比べて外出が少なく，母子が一緒にいる時間が長くなりやすいために，子供の自立が遅れがちになるのではないかと考えられています。

　高層階で子供の自立が遅れがちになることのもう一つの原因としてエレベーターの存在が指摘されています。岩田（2001）は就学児の外出に際して保護者が抱きやすい心配について述べていますが，その中には「エレベーター内でわいせつなどの被害に遭わないかと心配」など，エレベーターに関するものが複数含まれています。高層階の場合，地上までの移動にはエレベーターを使用せざるを得ないため，それを不安に感じる保護者は子供が一人で外出することを制限することになります。

　このように，高層階では戸建や低層階にはない心配が発生することになり，

それが子供の心理的な自立を遅らせる可能性があります。ただし，自立の遅れなどの影響が生涯にわたって影響を及ぼし続けるものなのか，成長とともに解消されていくものなのかについてはよくわかっていません。

　高層・超高層住宅では，防犯面における問題点もしばしば指摘されています。高層・超高層住宅には，数十から数百の世帯が暮らしており，また集合住宅では一戸建と比べて住民同士の近所付き合いは少ない傾向があります。そのため，集合住宅の規模が大きくなると，同じ棟に住みながらお互いのことをほとんどあるいはまったく知らないという状態ができ，住民の匿名性が高まります。大規模高密度で匿名性が高いという高層集合住宅の特徴は，窃盗や性犯罪などの犯罪が発生する可能性を高める一因となります。

　では，高層住宅は住環境としては好ましくないのでしょうか。高層住宅にはデメリットもありますがメリットもあります。高層住宅の購入理由としては「駅に近く利便性が良い」「眺望が良い」などがよく聞かれます。超高層住宅の多くは大都市部にあり，さらに1棟に何百という世帯が暮らす高層マンション周辺には，マンション居住者の利用を見込んでさまざまな施設が整備されるため，一般に高層マンション周辺は利便性が高くなる傾向をもっています。また，眺望が良いというのは高層住宅ならではの特徴です。展望台など高所からの眺めは多くの人に好まれますが，高層階に住むということは普段の生活の中でそうした眺めを楽しめるということでもあります。

　こうした点を踏まえ，小俣（1997）は，高層住宅には都会的なライフスタイルを志向し，近所付き合いをあまりしたくないといった人々，単身世帯や夫婦2人だけの世帯などが適しているのではないかと述べています。この考えを裏づけるように，富田（2005）による調査では，高価格帯の高層住宅居住者の6割が夫婦のみの世帯と単身世帯で占められていました。

5.2　近隣・地域

　私たちは広大な平原に1軒だけ建てられた家で生活しているわけではなく，

5.2　近隣・地域

　私たちの住居の近隣には他の人々が生活する住居や，さまざまな公共施設，商業施設などがあります。したがって，私たちの暮らしについて考えるうえでは自宅周辺の環境や地域の特性なども重要な要素となります。

5.2.1　近接による影響

　一戸建住宅にしろ集合住宅にしろ，私たちは他の人々と近接した環境で暮らしています。これまでの研究では，このような他者との近接の程度が私たちの人間関係に影響を及ぼすことが示されています。

　たとえば，フェスティンガーらの古典的な研究（Festinger et al., 1950）では，アパートの住人間の交友関係と距離の関係についての分析が行われ，2軒隣の住人同士よりも，隣同士の住人同士のほうが親しくなることが示されています。互いに近くにいる者同士が親しくなりやすいという現象は，教室での座席位置などでも生じます。

　このとき，お互いが親しくなるかどうかには，物理的な距離の近さだけでなく，フェスティンガーが**機能的距離**（functional distance）とよぶ距離の近さも強く影響します。機能的距離とは，建物の構造やその他の要因によってお互いが顔を合わせやすくなる程度のことをいいます。たとえ数メートルしか離れていない距離に住んでいたとしても，別の棟の住人同士が顔を合わせることはほとんどないでしょう。しかし，同じ建物でフロアが近ければ，住人同士で顔を合わせる可能性は高まります（**図 5.2**）。一般に，顔を合わせる頻度が多いほど互いに親しくなる可能性が高くなります。

　しかしながら，他者と近接して生活することが騒音やプライバシー侵害などといった問題を引き起こす場合もあります。**表 5.2** にもみられるように，近隣の音は住環境トラブルの主要な原因の一つです。その他，駐車スペースをめぐってのいざこざや，敷地境界からはみ出した庭木の枝をめぐってのいざこざなど，近隣トラブルにはさまざまなものがあります。

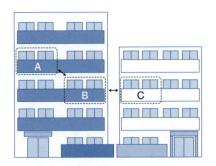

図 5.2 物理的距離と機能的距離
AとB、BとCの距離は、物理的な直線距離はほとんど変わらないが、BとCはAとBよりも機能的距離が大きく、住人同士が顔を合わせる確率は低い。

5.2.2 ニンビー

　近隣トラブルは住人の間だけで起こるものではありません。学校や工場などの施設とその近隣住民の間でトラブルが生じることもあります。近年よく聞かれるのが保育所や幼稚園と近隣住民とのトラブルです。たとえば東京やその周辺の都市では、建設予定の保育所に対して近隣住民らが反対するといった事態が複数生じています。東京のような大都市では保育所に入ることのできない待機児童の数も多く、保育施設の充実は社会的に必要とされているはずですが、そうした施設は近隣の住民にとっては騒がしくなるのではないか、送迎時に周辺が混雑するのではないかといった不安や不満の原因にもなり得るのです。

　このような、「社会全体としては必要かもしれないが近隣には来てほしくない」という住民感情は**ニンビー**（NIMBY）とよばれています。これは、住民による反対運動でしばしば用いられる「うちの近くには作らないで（**Not In My Back Yard**）」というメッセージの頭文字をとって作られた言葉です。ニンビーの対象となりやすい施設には、幼稚園や保育所といった教育・福祉施設のほか、発電所やゴミ処理場、軍事施設、刑務所など、さまざまなものがあります。

5.2.3 コミュニティ意識

　私たちは，自分の住んでいる場所，あるいはそこに住んでいる人々に対してしばしば心理的なつながりを形成します。そうした地域に対する心理的つながりの一つに**コミュニティ意識**（sense of communitiy）があります。コミュニティ意識とは，自分がその地域社会（コミュニティ）の一員であり，またその地域が自分にとって重要だという感覚です。

　マクミランとシャヴィス（McMillan & Chavis, 1986）によれば，コミュニティ意識は**メンバーシップ**（membership），**影響力**（influence），**ニーズの統合と充足**（integration and fulfillment of needs），**情緒的つながりの共有**（shared emotional connection）という4つの要素で構成されます。

　自分がそのコミュニティに所属するメンバーであり，そのコミュニティとつながっているという**メンバーシップ**の感覚は，コミュニティ意識の中心的な要素です。人は自分が所属するコミュニティに対して金銭や労力などでさまざまな貢献を行いますが，そうした貢献を行うことによってそのコミュニティに対するメンバーシップの意識がさらに強められます。また，地域の伝統的なお祭りや風習，名産品など，そのコミュニティのメンバーが共有する**共通シンボル**（common symbol system）の存在はメンバーシップの形成や維持において重要な働きをもちます。

　自分自身がコミュニティに対して何らかの**影響力**をもっていると感じられる場合，そのコミュニティに対するメンバーシップの意識が高まります。その逆に，自分の意見や存在がないがしろにされるようなコミュニティに対してはメンバーシップの意識は低くなります。

　コミュニティのメンバーは，自分が属するコミュニティに影響を及ぼすだけでなく，そのコミュニティからさまざまな恩恵を受けることもできます。たとえば，こんな施設が欲しいといったニーズ（要望）があったとしても，1人の住民だけでできることには限界があります。しかし，同じような考えの住民が多数集まれば，そうしたニーズの実現がより容易になります。

　また，人々は自分の目標が達成されやすいコミュニティに集まってくるも

のです。ラパポート（Rappaport, J.）は，こうした状態を**個人-環境適合**（person-environment fit）とよんでいます。そしてコミュニティに属するメンバーがさまざまな経験を共有することでメンバー間に**情緒的つながり**が生まれ，そうした情緒的つながりがコミュニティの結束力を強めます。

5.2.4 場所愛着

　進学や就職などを機に生まれ故郷を離れて生活を始めた人は，折にふれて故郷を懐かしく感じたりするでしょう。あるいは小さい頃によく遊んだ公園が宅地開発のために取り壊されてしまって寂しい思いを経験したことがある人もいるのではないでしょうか。このような，特定の場所・地域に対する思い入れは**場所愛着**（place attachment）とよばれます。スキャネルとギフォード（Scannell & Gifford, 2010）は，**人**，**心理過程**，**場所**という3つの次元を用いて場所愛着を説明しています（図 5.3）。

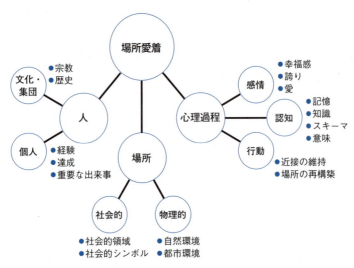

図 5.3　**場所愛着の3次元モデル**（Scannell & Gifford, 2010 をもとに作成）

　この場所愛着モデルの**人**の次元は**個人レベル**の場所愛着と**集団レベル**の場所愛着で構成されています。個人レベルでの場所愛着は，昔住んでいた家，

よく遊んだ場所など，特定の場所に対する個人的な経験が強く関係しています。また，大事な友人や恋人と初めて会った場所というように，その人にとって重要な意味をもつ出来事と深く結びついていることもあります。

　これに対し，集団レベルでの場所愛着は，文化や宗教など，特定の場所に対する象徴的な意味によって形成されます。たとえば，日本人の多くは富士山に対して愛着を感じるのではないでしょうか。こうした愛着は，富士山に登ったことがあるというような個人的な経験によるものではなく，富士山を**日本の象徴**としてとらえることに起因しています。また，メッカやエルサレムといった宗教的聖地などのように，宗教を通じて特定の集団と結びついている場所もあります。

　場所愛着の**心理過程**の次元は**感情**，**認知**，**行動**の3つで構成されています。場所愛着を構成する**感情**とは，その場所に対して感じる愛情や誇りなどです。場所愛着の心理過程を構成する**認知**は，そこで体験した出来事の思い出など，その場所に関する記憶やその場所がもつ象徴的意味などのことです。

　3つ目の要素である**行動**には，場所愛着によって影響を受けるさまざまな行動が含まれます。たとえば，生まれ故郷に強い愛着を感じている人は，その土地を離れようとはしないかもしれません。また，地震や津波といった災害による大きな被害を受けたとき，場所愛着の強さはその地域を復興させようとする大きなエネルギーにもなります。また，故郷を離れて暮らしている人が故郷を感じさせるものを身に着けたり飾ったりする行動もよくみられます（**図5.4**）。こうした行動は，いずれも愛着を感じる場所とのつながりを維持しようとするものといえます。

　場所愛着の**場所**の次元は**社会的要素**と**物理的要素**で構成されています。社会的要素としては，友人関係やコミュニティ活動など社会的な関係が促進される場所や，集団としての**アイデンティティ**を感じさせるような場所に対して愛着が形成されやすくなることがあげられます。この意味で，場所愛着には**コミュニティ意識**も大きく関与しています。また，ある場所（たとえば故郷）に対して愛着を感じるとき，その場所そのもの（「〇〇町」という場所）

図 5.4　沖縄出身者の自宅（東京）の玄関先に飾られたシーサー（沖縄の狛犬）の置物
こうした行為を通じて，東京で生活しながらも沖縄との心理的つながりを保とうとしている。

に対する愛着だけでなく，その場所にいる人々（○○町に住む友人や近隣の人々）に対して愛着が形成されている場合もあります。

　場所愛着に影響する物理的要素とは，たとえば風景の美しさなどです。また，人々に快適性や利便性をもたらす物理的特徴をもった環境に対しても場所愛着が形成されやすくなります。

5.3　都市環境

　現在，世界人口の約半数が人口 50 万人以上の都市で生活しています。日本では三大都市圏への人口集中が続いており，総務省の推計では，2050 年には三大都市圏の人口が日本の総人口の約 60％になるだろうとされています。このように，現在では多くの人々が都市部に暮らしていますが，都市という環境は私たちにどのような影響を与えているのでしょうか。

5.3.1　都市の生活

　都市は大勢の人々が活動する場所であり，その結果として過密や騒音，犯

罪，大気汚染などの問題が生じやすい環境です。こうした問題による影響はこれまでも数多く研究されてきました。たとえば，大勢の人々が1カ所に集中して生活することによる騒音や過密の問題は，都市生活者にとってストレスの原因となり，健康状態に悪影響を与えることがあります。

　また，小さな町であればその町の住人すべてが互いに知り合いであるということもあり得るかもしれませんが，大都市ではまずそのようなことはあり得ません。都市は大勢の**見知らぬ他者**であふれています。そのため，都市では誰かが何かをしたとしても，その人物が誰なのかを特定することが難しくなります。都市で犯罪率が高い原因の一つに，こうした**匿名性**の高さが指摘されています。匿名性が高い状況では犯罪行為を行っても犯人が特定されにくく，捕まったり罰せられたりする危険が小さく感じられるためです。

　過密や犯罪，騒音といった問題があるにもかかわらず，なぜ人々は都市に集まるのでしょうか。その大きな理由の一つに都市の**利便性**があげられます。都市には，そこに生活する大勢の人々を対象としたさまざまな施設やサービス，娯楽が存在します。そのため，都市での生活は田舎に比べて利便性が高く，そうした利便性を求めて人々が都市に集まることになります。また，都市における賃金の高さや就業機会の多さなどは，とくに発展途上国で都市部への大規模な人口流入を引き起こす要因の一つとなっています。

5.3.2　都市生活者の特徴

　都市という環境は，大勢の人，さまざまな商業施設，たくさんの車というように刺激の多い環境です。ミルグラム（Milgram, S.）は，都市は私たちが処理しきれないほどの大量の刺激をもたらすため，都市生活者は刺激過剰による**過負荷**の状態にあると考えました。過負荷の状態にある人々は，他者に無関心になったりすることによって処理すべき刺激の量を減らそうとします。

　たとえばミルグラムの研究（Milgram, 1977）では，見知らぬ人に近づいていって親しげに手を差し出したとき，小さな町では7割近くの人が手を差し出し返したのに対し，都市では全体の約4割の人しか手を差し出し返しま

せんでした．また，見知らぬ誰かが困っていても都市住人はそれを無視しやすく，そうした傾向は人口密度の高い地域ほど強くなる傾向があります．これは，都市住人が周囲の他者に無関心になりやすいということの他に，都市では周囲にたくさんの人がいるために，自分が助けなくても誰かが助けるだろうという**責任の拡散**（responsibility diffusion）が生じやすくなることなども原因にあると考えられています．

5.3.3 見慣れた他人

では都市生活者は誰に対しても無関心かというと，そういうわけでもありません．都市住人も友人や知人に対しては田舎の人々と同様に親密な関係をもっているのです．また，それ以外の他者に対しても，まったくの無関心というわけではありません．たとえばミルグラムは，多くの都市生活者には**見慣れた他人**（familiar stranger）とよべる人々がいることを指摘しています．見慣れた他人とは，どこの誰かも知らないし話をしたこともないが，まったくの見ず知らずではないというような人のことで，たとえば通勤や通学の途中で何度か見かけたことのある人，散歩中にたまに見かける人などのことをいいます．

見慣れた他人に対する行動とそれ以外の他者に対する行動とでは何か違いがあるのでしょうか．普段の状況下では人々が見慣れた他人に話しかけたりすることはまずありません．しかし通勤電車でいつも見かける人と海外出張先で遭遇したというような普段と異なる状況下では，見慣れた他人とやりとりが行われる可能性は高くなります．また，事件や事故，災害に遭遇して困っているというような状況においては，見ず知らずの他人よりも見慣れた他人に対して**援助行動**（helping behavior）などが生じやすいと考えられています．

5.3.4 コミュニティ意識と都市環境

一般に，都市部では近隣住民同士の交流が乏しく**コミュニティ意識**は弱い

傾向にあります。しかし，たとえば地域の防犯に関する研究ではコミュニティ意識はその地域における犯罪抑止の重要な要素と考えられており，コミュニティ意識の弱さは生活環境の悪化を招きかねない重大な問題です。

では，どうすればコミュニティ意識を促進することができるのでしょうか。アメリカでの研究（Brown et al., 1998）では，コミュニティ意識を形成しやすい住宅のデザイン的特徴として軒先のポーチがあげられています。住民がポーチに出て時間を過ごし，近所の人々と会話をしたりすることで，地域の人々が互いに知り合い，交流が生まれやすくなるというのです。

都市部の住宅にポーチは現実的ではないでしょうが，ポーチはなくても人々が気軽に交流できるような機会があればそれによってコミュニティ意識の形成が促進されることが期待できます。たとえばアブ=ガゼー（Abu-Ghazzeh, 1998）は，地域の人々が気楽に集まれる社交の場の有無がコミュニティ意識の高さに関係していることを示しています。

また，オルデンバーグ（Oldenburg, R.）は人々が気楽に集い憩える場をサードプレイス（third place）とよび，とくに都市生活におけるサードプレイスの重要性を主張しました。サードプレイスとは，自宅や職場以外で人々が憩いや楽しみのために時間を過ごす「第三の場所」を指します。自宅や職場が重要なのはいうまでもありませんが，人々の社会生活にとっては憩い集える場所も必要だというわけです。サードプレイスの代表例としては，イギリスのパブやフランスのカフェがあげられます。近隣の広場や公園などもサードプレイスとしての可能性をもっています。

5.4 まとめ

住環境は私たちの生活において非常に重要な環境です。住環境の中心的な部分は自宅ですが，住環境の問題は家だけをどうこうすればよいものではなく，自宅周辺の近隣地域の環境も合わせて考える必要があります。近隣の環境が劣悪で人間関係も悪いような状況では，自宅で安心してくつろいだりで

きないでしょう。

　また，大勢の人々が集まる都市部では，さまざまな施設が集まり生活の利便性が高まる反面，騒音や混雑，大気汚染などの問題も生じやすくなります。とくに都市部では周囲の人々に対して無関心になりやすく，コミュニティ意識も低くなりがちで，そのことが地域の防犯などにマイナスの影響を与えている可能性があります。

Q5.1

住宅には，戸建か集合住宅かという区分の他にも，賃貸か持ち家かという違いもあります。賃貸住宅（借家や賃貸マンション）の場合と，持ち家（戸建や分譲マンションなど）の場合とでは，心理的にどのような違いがあると考えられるでしょうか。

memo

Q5.2

かつてと比べ，近年は地域のつながりが希薄化しているといわれます。つながりの希薄化には，どのような原因があると考えられるでしょうか。

memo

「都市」の中にも，非常に魅力的な都市もあれば，まったく魅力が感じられない都市や，嫌な感じのする都市もあると思います。そうした違いには何が影響しているのでしょうか。

memo

5.1

　賃貸住宅と持ち家の一番の違いは，当然ですがその家を所有しているかどうかです。このことは，住宅やその周辺の居住空間に対する**所有意識**（ownership）の違いにつながります。また，所有意識の強さは所有対象である住宅に対する**愛着**の強さに影響します。家に限らず車などでもそうですが，それが自分のものだと感じることで愛着が強まるのは理解しやすいのではないかと思います。

　所有意識や愛着が強くなれば**テリトリアリティ**も強まります。テリトリアリティが強くなれば，その場所を守ることに対する意識や責任感も強くなります。こうした意識は，犯罪や災害に対する行動にも大きな影響を与えます。また多くの場合，守ろうとする対象には家だけでなくその周辺の地域も含まれます。車などと違い住宅は移動させることができませんので，自宅周辺の環境が悪化すれば家まで危険にさらされることになるからです。

　一方で，所有意識や愛着の強さは，何らかの事情でそれを手放さざるを得なくなった場合に大きな苦痛を引き起こす原因となります。たとえば遠隔地への転勤により引っ越さなくてはならなくなった場合，災害などによって家を失った場合などは，賃貸住宅よりも持ち家の人のほうがショックが大きく感じられるでしょう。

5.2

　今から50年近く前において，すでに地域共同体の崩壊がいわれ，その原因として交通通信機関の発達などによる生活圏の拡大や人口の都市への集中，生活様式および生活意識の都市化などの要因が指摘されていました。

　生活圏の拡大や生活の多様化の影響は，現在においても十分あてはまるでしょう。かつてであれば近隣の人々で集まって楽しむしかなかったような趣味の集まりも，現在では交通機関を使って遠方まで出かけ，交流する

ことができます．また，地域に関係なくインターネット上で簡単に集まれるようにもなりました．生活だけでなく娯楽もかつてより多様化しており，近隣よりもインターネット上のほうが興味の近い人をみつけられる可能性が高い場合もあるでしょう．

より近年の傾向としては，「深い近隣関係を望まない人が増加している」ことがあります．ただ，「深い近隣関係を望まない人が増加している」とはいうものの，内閣府の『平成19年版国民生活白書』をみてみると，堅苦しくなく話し合える関係を望んでいる人は多く，人々がまったくつながりを求めていないわけではありません．また，何か社会のために役立ちたいと考える人の比率は，30年前には40％程度であったものが2000年代以降は60％程度にまで増加しています．そして，社会の役に立つための活動として町内会などの地域活動をあげる人が多くいることからも，人々が地域と関わりたくないと考えているわけでもありません．地域と関わろうとしてもそのきっかけを見つけられなかったり，忙しくて時間がないということが多いようです．

5.3

カプランとカプラン（Kaplan & Kaplan, 1989）は，景観に対する人の好みには情報処理の種類（理解と探索）と情報の入手可能性（即時的・推測的）の2つの次元が影響しているとし，表5.3のような選好行列を用いて景観の好みを説明しています．

表5.3 カプランとカプランの選好行列 (Kaplan & Kaplan, 1989)

	理解	探索
直接的（2次元的）	一貫性	複雑性
推測的（3次元的）	読解性	神秘性

環境の理解はその環境で適応的に行動するためには不可欠なものであり，理解しやすい環境はそうでない環境よりも好まれます。また，探索を促進する環境は人々の好奇心を刺激したり，もっと知りたいと思わせたりする要素をもち，やはりこの要素が強い環境はそうでない環境よりも好まれます。そして，理解と探索という環境情報の認知的処理は，それぞれ直接的に入手可能な2次元的な情報（写真画像的な情報）によるものと，推論が必要な3次元的な情報（奥行きや広がりのある情報）によるものがあります。

　環境に含まれる2次元的な情報の理解に影響する要素が**一貫性**（coherence），探索に影響する要素が**複雑性**（complexity）です。一貫性とは，環境の情報に統一感や規則性がどれだけあるかを意味します。環境情報の一貫性が高ければ理解は簡単になりますが，あまりに一貫性が高すぎると単調で退屈な環境になってしまいます。また，複雑さのある環境に対してはその環境をより深く理解しよう，探索しようとする反応が生じますが，複雑すぎる環境は理解が困難なため不快に感じられます。

　3次元的な情報の理解と探索に影響する要素はそれぞれ**読解性**（legibility）と**神秘性**（mystery）です。環境の読解性とは，目立つ目印（ランドマーク）があるなど，自分のいる場所がわかりやすく，道に迷わず効率的に移動できるような特徴を指します。また神秘性とは，曲がり道の先が建物で隠れていて見えないというように，その先にまだ情報が続いていることをほのめかす特徴のことをいいます。

　これらの4つの要素を踏まえて考えると，たとえば同じような見た目の四角い高層ビルが規則的に並んでいるだけのような都市風景は，一貫性が高すぎて退屈なものとしてとらえられるでしょう。また，同じような風景が延々と続いていることで，環境の読解性も低くなると考えられます。また，色とりどりの看板やネオンサインがひしめき合っているような都市風景は，一貫性がなく複雑（というか乱雑）で，読解性も低く，やはり好ま

れないでしょう。

　ではどのような都市の風景が好まれると考えられるかというと，建物の外観に適度に統一感があり，しかし単調になりすぎていない環境，そして遠くからでもわかるようなシンボル的な目印があり，街中を色々探索してみたくなる程度に構造の複雑さがある環境となります。

参考図書

小俣謙二（編著）（1997）．住まいとこころの健康――環境心理学からみた住み方の工夫――　ブレーン出版

　住宅に関する国内外の研究が広くまとめられ，心理学的な視点から解説されています。

トゥアン, Y-F.　小野有五・阿部 一（訳）（2008）．トポフィリア――人間と環境――　筑摩書房

　地理学者のトゥアンによる，人間と環境の間の感情的な結びつきの一つであるトポフィリア（場所への愛）についての論説です。

岩田 紀（編）（2005）．現代社会の環境ストレス　ナカニシヤ出版

　第4章でも取り上げましたが，都市生活や住環境のストレスなど，環境からのストレスによる影響がまとめられています。

クルパット, E.　藤原武弘（監訳）（1994）．都市生活の心理学――都会の環境とその影響――　西村書店

　都市生活におけるさまざまな問題が，心理学的な視点から実証研究に基づいて幅広く扱われています。

オルデンバーグ, R.　忠平美幸（訳）（2013）．サードプレイス――コミュニティの核になる「とびきり居心地よい場所」――　みすず書房

　サードプレイス概念の提唱者であるオルデンバーグがサードプレイスの重要性について述べています。

第6章 環境と労働・学び

　人々の日々の暮らしにおいて住環境と並んで重要な位置を占める環境に職場や学校があります。働いている人々は職場で，学校に通っている子供たちは学校で，一日の大部分を過ごしています。しかも自宅で過ごす時間の多くは睡眠にあてられますから，活動時間だけでみれば自宅よりも職場や学校のほうがずっと長いということも多いはずです。職場や学校の環境の快適性や効率にはどのような要因が影響しているのでしょうか。本章では，まず職場環境について取り上げ，次に学校環境についてみていくことにします。

6.1　職場環境

　労働環境に関する初期の有名な研究に**ホーソン研究**（Hawthorne study）とよばれるものがあります。これは1920年代にシカゴ近郊のウェスタン・エレクトリック社のホーソン工場で継続的に行われた研究で，その目的は照明の明るさが生産性に与える影響について確かめることでした。その実験では，照明が明るくなれば生産性が向上するだろうという仮説のもと，明るさを体系的に変化させて労働者の生産性の変化が観察されたのです。
　実験の結果は当初の予想に反するものでした。照明を実際に明るくした場合だけでなく，照明の明るさを変えたふりをしただけの場合にも生産性に上昇がみられたのです。また，照明を徐々に暗くしていった場合も，その明るさが元の70％になるまで生産性に低下はみられませんでした。
　当初，こうした一見奇妙な結果は照明環境の変化によってではなく，実験参加者として自分たちが観察されているという労働者らの認識によって引き起こされたのだと解釈されました。そしてそこから，自分たちが観察されているという認識によって一時的に生産性が向上することを**ホーソン効果**

(Hawthorne effect) とよぶようになったのです。

　なお，このホーソン研究については以後さまざまな研究者によって議論や再解釈がなされてきました。じつはこの照明実験は正式に論文として発表されたものではなく，非常に有名な研究であるにもかかわらずその詳細についてはよくわかっていなかったのです。しかし，レヴィットとリスト（Levitt & List, 2011）が最近になってこの照明実験の記録やデータを発見しました。彼らによるオリジナルデータの再分析の結果，これらの一連の実験においてホーソン効果とよべるような現象は確認できませんでした。たとえば，この実験では照明条件の変更がすべて工場の休業日である日曜日に行われており，照明条件変更後の生産性の向上は，主に労働者たちが休日明けでリフレッシュしていたためであった可能性があるのです。

6.1.1　職場の物理的環境とその影響

　ホーソン研究では照明の変化による明確な影響はみられませんでしたが，それでもやはり照明は職場環境における重要な要素の一つです。たとえば，手元が見づらいほどに照明が暗ければ仕事に支障が生じますし，明るすぎても文字や画面が見えにくくなり不快感が感じられるようになります。このような不快感を伴う眩しさは**グレア**（glare）とよばれます。

　ヴィーチ（Veitch et al., 2008）は，個人が照明に求める要素として，**視認性，作業のしやすさ，他者とのやりとりのしやすさ，快適さ，美しさ，健康と安全**の 6 つをあげています。職場の照明環境がこうした条件を満たしていることが従業員の満足感や気分の向上につながります。ただし，必要とされる照明の明るさは仕事の内容によって異なるため，すべての職場に最適な照明環境というものを見つけ出すのは困難です。照明環境に対する満足度を高めるためには，仕事の内容に合わせて局所的に照明条件を変化させられるような工夫も有用でしょう。

　また，職場環境では**騒音**もしばしば問題とされます。職場環境における騒音としてよく取り上げられるのが同僚の話し声や電話の音などです。空調機

6.1 職場環境

器の音のようにほぼ一定で変化の少ない音に対しては比較的慣れが生じやすいため，そのような音は次第に気にならなくなります。しかし，人の話し声のように無視することが困難なもの，予測できないような不規則性をもったものは慣れが生じにくく，仕事への集中力を妨げる原因となります。

騒音のある環境に長時間さらされた場合，仕事に対する満足感が低下したり，さらには身体的なストレス症状がみられるようになる場合もあります。さまざまな研究で，騒音は**覚醒水準**を上昇させ，**過負荷**につながりやすいことが示されています。また，**ヤーキス-ドッドソンの法則**（Yerkes-Dodson's Law；図6.1）が示すように，単純な仕事よりも複雑な仕事のほうが騒音による覚醒の影響を受けやすくなります。

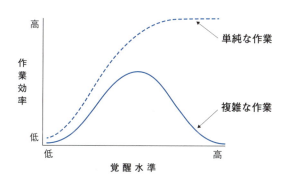

図6.1　**ヤーキス-ドッドソンの法則**（Diamond et al., 2007 をもとに作成）
単純な作業の効率は覚醒水準の高まりによる影響を受けにくいが，複雑な作業の効率は覚醒の高まりによって低下しやすい。

職場環境のその他の物理的要素として職場の**空気環境**があります。たとえば，職場の**温熱快適性**は，温度と湿度，作業に必要とされる活動性や服装，その他の個人差などによる影響を受けるため，オフィスの温度設定はしばしば従業員の不満要素となります。サンドストローム（Sundstrom, 2001）によれば，大多数の従業員が快適と感じるような温度環境でも，全体の20％程度の人は暑すぎる，寒すぎると感じているのです。

6.1.2　オフィスの空間デザインとその影響

近年では，**オープンプラン・オフィス**（open-plan office）とよばれる，各部署の間に壁や仕切りがない形のオフィスや低い間仕切り（パーティション）で各部署やデスクの間を仕切った形のオフィスが増えています（図6.2）。こうしたオフィスでは，従業員同士のやりとりが活性化され，仕事に対する満足感や士気，生産性の向上などがみられる可能性があるといったプラスの影響がある反面で，主に他の従業員の会話や電話などによる騒音や，それらによる注意散漫，作業の中断，プライバシーの欠如などが生じやすく，それが生産性や満足感の低下，心理的ストレスの増加につながりやすいというマイナスの側面もあります。

図6.2　オープンプラン・オフィス

他の従業員とのやりとりの必要性やプライバシーの必要性は仕事の内容によっても異なります。たとえば，カーロピオとガードナー（Carlopio & Gardner, 1992）がさまざまな職種や役職とオフィスの満足度について調査を行ったところ，管理職はオープンプラン型のオフィスや間仕切り型のオフィスより部屋が独立した従来型のオフィスを好み，事務職の人はオープンプラン型のオフィスに対する満足度が高いということが示されました。また，

6.1 職場環境

専門職の人では従来型や間仕切り型のオフィスで満足度が高く，オープンプラン型オフィスで満足度が低くなっていました。

なお，高さのあるパーティションで部屋を区切ることは，視覚的な注意散漫やプライバシー欠如への対策としては有効であっても騒音対策としては有効ではありません。それどころか，目に見えずに音だけが聞こえてくるという状況がかえって騒音に対する不快感を強めるという可能性もあります。

オフィス環境を取り巻く状況は近年さらに変化しつつあります。たとえば，これまでは社員一人ひとりに専用のデスクを割り当てることが一般的でしたが，外回りの営業職が多い企業などでは社員の多くが長時間席を離れたままになるため，それでは空間的にみて非効率といえます。そこで，社内のデスクを全社員共有にし，空いているところを適宜使用するようなスタイルをとる企業も出てきました。このような方式は日本ではフリーアドレスとよばれ，欧米ではホットデスキング（hot desking）などとよばれています。さらに，インターネットなど情報通信技術の進歩によって，自宅などオフィス以外の場所で仕事をするテレワーク（telework）も増加しつつあります。

このような新しいオフィスのスタイルにも，それぞれ長所と短所があります。たとえば，フリーアドレス型のオフィスでは，従業員数よりも少ないデスクですむために経費やスペースが節約できるという利点があります。しかし，グループで作業をする必要がある場合にグループのメンバー同士が必ずしも近くのデスクを使用できるとは限りませんし，自分専用のデスクがないことによって，会社での居場所感が失われたり会社への帰属意識が希薄化したりしやすいという問題もあります。

またテレワーキングでは，労働者にとっては時間にとらわれずに勤務できる，通勤時間を短縮できるといった利点があり，企業にとっては通勤手当の支給額を軽減できるといった利点がありますが，機器トラブルが生じた際に専門部署のサポートが得られにくいという欠点があります。また，テレワークでは社会的な孤立感が高まりやすく，抑うつを引き起こしやすいという報告もあります（Campione, 2008）。

6.1.3　職場における個性化と地位

　オフィスのデスクに写真を飾ったりするなど，人はしばしば自分の作業スペースを**個性化**しようとします（第3章3.2.3参照）。職場によっては業務に関係のないものをデスク周辺に飾ったりすることを制限したり禁止したりする場合もあるようですが，一般的には個性化が許容されることで従業員の作業空間に対する**統制感**が高まり，自分の個性が職場に認められていると感じられやすくなるために，満足度が向上するといわれています。

　また，一般的な職場では，重要な社会的要素として組織内の**地位**があります。そして，各個人の組織内における地位は，しばしば職場の物理的要素によって象徴されます。たとえば，重役は広い個室のオフィスをもち，家具などの調度品も高級であるといった具合です。このような地位を象徴する要素は**地位マーカー**（status marker）などとよばれます。典型的な地位マーカーには，デスクやオフィスの位置（上位のものほど眺めの良い場所になりやすい），ドアや個室の有無（重役はドアつきの個室がある），オフィスや作業スペースの広さ（上位のものほど広いオフィスをもつ），家具（上位のものほど高級な家具を使用する），個性化の許容度（上位のものほど自分の作業空間の配置や外観についての発言権が大きく，自由も大きい）などがあります。こうした地位マーカーが組織内での自分の地位と適合していると感じられる場合，職場に対する満足感が高くなります。

6.1.4　職場環境と憩いの場

　職場は仕事をするための場所ですが，仕事の効率を保つためには適度な休憩が必要です。また，会議の合間や移動の間などに従業員の間でカジュアルな会話が行われることもよくあります。職場においてそうした休憩や会話の場になりやすいのは，コピー室やラウンジ，廊下，ロッカー，給湯室，喫煙室，自動販売機の近辺などです。サンドストロームとサンドストローム（Sundstrom & Sundstrom, 1986）によれば，溜まり場として理想的な条件は，作業空間から移動しやすい場所にあることと快適に会話できる場所であるこ

とです。また，コピーをとったりコーヒーを飲んだりといった，従業員の日課において必要不可欠な場所であるという点も重要な要素です。

このような溜まり場は，普段は顔を合わさない他部署の従業員や重役などと気楽に交流できる機会を提供してくれるものであり，それによって職場に対する**帰属意識**の強化や，従業員の**士気向上**といった効果も期待できます。メーラビアン（Mehrabian, 1976）は，適度な調度品を備えた共通のラウンジは，さまざまな情報を扱うオフィスや大学などにおいて非常に価値をもつものだと述べています。その反面，小規模な溜まり場がさまざまな場所に散在してしまうと小さな派閥が複数出来上がり，職場内の人間関係が悪化してしまう可能性もあります。

6.2 学校環境

大人にとって職場が重要な意味をもつのと同様に，子供たちにとって学校の環境は大きな意味をもちます。また近年では生涯教育も盛んとなり，学校環境は大人にとっても重要なものになりつつあります。学校場面では教育内容や教育方法などに関心が集まりがちですが，学校環境も効果的な教育にとって重要な要素の一つです。

6.2.1 行動場面としての学校

バーカーとガンプ（Barker & Gump, 1964）は，学校の規模と**行動場面**（第1章1.3.3参照）の関係についての研究を行っています。この研究では，複数の大規模な学校と小規模な学校を対象に，行動場面の数や種類，それらへの生徒の参加の程度などについて調査が行われました。その結果，大きな学校ほど行動場面の数は多くなるものの，小さな学校に比べて60倍以上の生徒がいる大きな学校であっても課外活動などの行動場面の数は8倍程度しかなく，小さな学校ほど行動場面が**人員不足**になりやすいことがわかりました（図6.3）。また，小さな学校の生徒はさまざまな場面で責任ある役割やリー

ダー的な役割を担うことが多くなるのに対し，大きな学校では生徒は活動の参加者でなく見物人になりやすいことも見出されています。

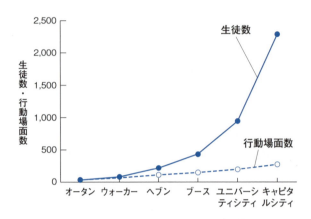

図 6.3 学校の生徒数と行動場面数（Wicker, 1984 のデータをもとに作成）

また別の研究では，規模の大きい学校ほど生徒らの**学校とのつながり**（school connectedness）が薄まりやすくなることも指摘されています（McNeely et al., 2002）。学校とのつながりとは，自分が学校という社会的環境（友人たちや教師たち）の中で受け入れられ，尊重され，支援されているという感覚を指します。これまでの研究では，このつながりが強いほど生徒の精神的健康度が高い傾向にあることが示されています。

6.2.2 教室の物理的環境とその影響

職場環境と同様に，学校環境においても照明や音などの物理的環境は重要です。読み書きのために必要な明るさが確保されていなくてはなりませんが，明るすぎるのも好ましくありません。一般に，最適な照明環境を保つことは授業と無関係な行動（**課題非従事行動**；off-task behavior）の減少につながり，成績向上につながります。ただし，職場環境の場合と同様に，最適な照明環境は課題によっても異なります。

また，教室の照明において見過ごされがちなのが，照明が机面やホワイトボードに反射することによる**グレア**です。こうしたグレアによって，生徒の疲労感が高まったり集中力が低下したりといった好ましくない影響があります。

視覚的環境のほか，騒音などの音環境も学校環境における重要な要素です。これまでの多くの環境において，騒音のある騒がしい環境では学業成績が低下するということが示されています。また，残響の強い教室では話し声などが聞きとりづらくなるため，そうでない教室に比べて学業成績が低下する可能性があります。

6.2.3 教室の空間配置

オフィス環境と同様に，教室の空間デザインにも近年さまざまな試みがなされています。その一つに，教室が壁で区切られていない**オープンプラン型**の教室があります（図 6.4）。オープンプラン型の教室では，視覚的な開放感が得られる，他のクラスの生徒との交流が活発になりやすいといった利点があげられていますが，一方で他の教室や共用スペースの音が授業の妨げになりやすい，よその教室の活動や廊下を行き来する人に気をとられやすいといった欠点も指摘されています。オープンプラン型教室におけるこれらの問

図 6.4　オープンプラン型の教室

題は，**オープンプラン・オフィス**の場合とよく似ています。

　教室環境では，教室内の**座席配置**についての研究も多くなされてきました。伝統的な教室の座席配置は生徒の机が正面を向いて列をなす形ですが，近年の教室では生徒の机を小集団の島にしたり，円形にしたり，U字型にしたりといった多様な方法がとられます（図6.5）。

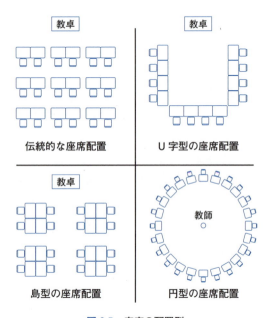

図6.5　座席の配置型

　これまでの研究では，こうした座席配置の形によって生徒間のやりとりや生徒と教師の間のやりとりが変化することが知られています。一般的に，正面を向いた列の配置はその他の配置に比べて教師や黒板に注意を向けることが容易で課題に集中しやすい配置であり，島型の配置はグループワークなど生徒同士でのやりとりが必要な場合に有効な配置といえます。また，座席配置による影響は，成績の悪い生徒や授業を妨げる行動をとりやすい生徒ほど大きくなることが示されています（Wannarka & Ruhl, 2008）。

6.2 学校環境

　座席配置に関連したもう一つの研究に，着席位置と授業参加度の関係についてのものがあります。大学の大教室での講義のように着席位置を自由に選択できるような状況では，一般に教壇に近い席（**アクション・ゾーン**；action zone）に着席する学生ほど授業参加度が高く成績も良い傾向があり，教壇から離れるにつれて参加度や成績が低下していきます（図6.6）。これは，前の席ほど黒板が見やすく，教師とのやりとりがしやすいといった理由の他に，積極的で授業に対する関心の強い学生がアクション・ゾーンに集まりやすいという理由もあります。

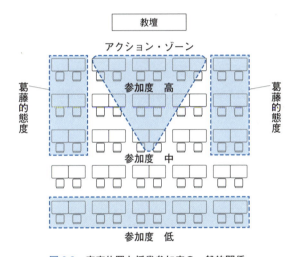

図6.6　座席位置と授業参加度の一般的関係
　上の図は，北川（1998）やKoneya（1976）など，複数の研究の結果を総合して作成したものである。

　北川（1998）によれば，教師とのやりとりを望まない学生ほど，教室後方に着席します。また，教室前方の左右両側に着席する学生は，教師との距離は保ちたいが視線は合わせたくないという葛藤的な態度をもっています。
　また，授業中に積極的に質問をする学生とそうでない学生で座席をランダムに割り当てたとき，座席位置による影響の受けやすさは普段の発言頻度によって異なります（図6.7）。普段積極的に発言する学生はアクション・ゾ

ーンにいるときには活発に発言しますが，アクション・ゾーン以外の座席に割り当てられた場合は発言の回数が少なくなります。これに対し，普段消極的な学生はアクション・ゾーンに座っているときもそうでないときも発言の回数は少ないままで，ほとんど変化しません（Koneya, 1976）。

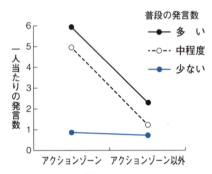

図 6.7 普段の発言頻度と各着席ゾーンにおける発言頻度の関係
（Koneya, 1976 のデータをもとに作成）

6.2.4 図書館

　学校においては図書館も重要な学習環境です。図書館を対象としたこれまでの研究では，しばしば図書館内における定位や経路探索の問題が扱われてきました。

　図書館には多数の図書・資料が貯蔵されており，大規模な図書館では複数のフロアにある多数の書架の中から必要な資料を探さなくてはなりません。また，必要な資料を探すには，まずどこに行き誰に聞けばいいのかといった情報も必要になります。このため，図書館の利用者はしばしば情報過多に陥ってしまいます。しかも，そうした情報を利用者に案内するために案内板を設置すれば，ただでさえ情報過多になりがちなその環境にさらに情報が増えてしまうことになります。

　ポレットとハスキル（Pollet & Haskell（Eds.），1979）は，複数の案内情報を 1 カ所にまとめると館内の定位や経路探索が非効率なものになると述べています。すでに情報過多に陥っている人が，さらに多くの情報が書かれた案

内板を立ち止まって見るということは少ないためです。しかしポレットとハスキルによれば，図書館利用者の多くは困ったことがあってもあまり人に尋ねたりしない傾向があります。そのため図書館は，何かあるたびに職員に聞かなくてはならないような環境ではなく，利用者が自分でなんとかできると感じられるような環境であることが望まれます。

　これらの側面を考慮すると，通路の分岐点など案内情報が必要とされやすい場所に，その場で本当に必要とされる情報のみを含んだ案内表示を行うことが重要となります。近年では，図書館におけるこうした経路探索の問題をモバイル機器を使って解決しようという試みもなされています。

6.2.5　ラーニング・コモンズ

　近年，とくに大学において図書館の役割が大きく変わりつつあります。従来の図書館は，資料の所蔵やその閲覧が主な目的でした。しかし，電子ジャーナルなどの電子資料が増加したことやインターネットを活用した資料の利用が一般的なものになってきたことから，必要な情報の多くが図書館に行かなくても利用できるようになってきています。たとえば，大学教員の多くは自分の研究室からネットワークを利用して資料を利用するようになりました。また学生たちも，PCやスマートフォンなどを用いてインターネット上で情報を集めるようになりました。

　こうした流れを受けて，図書館はこれまでのような資料の所蔵と閲覧のための場所から，情報機器を活用して総合的に情報を利用するための環境である**インフォメーション・コモンズ**（information commons）として整備されるようになっていきました。なお，**コモンズ**（commons）とは，「共有資源」や「共有の場」を意味する言葉です（第10章参照）。

　さらに，ただ講義を聴くだけでなく，学生が主体的に問題に取り組みながら学習を進めていく**アクティブ・ラーニング**（active learning）のような学習形式が積極的に取り入れられるようになると，インフォメーション・コモンズをさらに発展させ，グループでの作業やディスカッションのための場が

設けられるようになっていきました。このような，学生たちが相互にコミュニケーションをとりながら主体的に学習することを目的とした総合的学習環境は**ラーニング・コモンズ**（learning commons）とよばれています。

　従来の図書館では静寂な環境を維持するために私語は禁じられているのが一般的ですが，ラーニング・コモンズではグループで話し合いをしながら作業を進めることができます。また，ただ単にグループ作業ができるだけでなく，図書館内やインターネット上のさまざまな資料に素早くアクセスできるようにネットワーク環境も整備され，資料の収集や利用の方法からプレゼンテーション資料の作成方法にいたるまで，学生の自主的な学習をサポートするためのスタッフが配置されていたりもします。

　図書館の環境が大きく変われば，当然のことながらその環境に対する心理学的関心も変化することになります。ラーニング・コモンズのような環境は，ただ単に「コンピュータが使用できるグループ学習室」を用意しただけでは十分に機能しないでしょう。主な利用者である学生の特性やニーズの理解，学生の自主的な学習を促進するためのさまざまな仕掛けについての研究がこれから増えていくものと考えられます。

6.3　まとめ

　オフィスのデザインは，それが人々の働き方に影響を与え，そして人々の働き方の変化がデザインに変化をもたらすという形で，時代とともに変化してきました。また，オフィスのデザインや人々の働き方が変化することにより，解決すべき心理学的な問題も変化してきています。

　また，教育は人間社会にとって非常に重要な要素であり，そのために学校では教育効果の向上に向けてさまざまな取組みがなされています。学校環境においては，教育内容や生徒と教師，あるいは生徒同士の人間関係の問題などに関心が集まりがちですが，校舎や教室のデザインなども含めた全体としての学校環境について考えることも重要です。

6.1

近年では，特定の企業や団体に属さず，仕事に応じてその都度企業や個人などと契約するフリーランスという形態で働く人の割合も増えてきています。その中には，個人で事務所を構えている人もあれば，自宅を職場として使用している人もいます。では，とくに自宅兼職場という環境を作るうえで注意が必要な点にはどのようなものがあると考えられるでしょうか。

memo

> 学校は教育・学習を主な目的とした場所ですが，教室や図書館など学習施設の環境が整っていればそれで十分でしょうか。学校環境における重要な環境として，他にどのようなものがあるのでしょうか。

memo

近年では，インターネット上で講義を公開する大学や，オンラインの授業を提供する大学なども増えてきています。オンラインの学習環境にとって重要と考えられる要素にはどのようなものがあるでしょうか。

memo

自宅を職場にする場合，しばしば問題となるのがオン（仕事）とオフ（プライベート）の切り替えです。会社勤めの場合には，職場にいる間は仕事，自宅にいる間はプライベートというようにオンとオフの区別ははっきりしていますので，その切り替えも容易です。しかし自宅で仕事をする場合，自宅は仕事の場でもありプライベートの場でもあるため，その境界線が曖昧になりがちです。そのため，自宅で仕事をすれば通勤時間がなく時間が有効に使えてプライベートが充実するはずが，仕事の納期が気になって昼夜構わず仕事をしてしまい，かえってプライベートの時間がなくなってしまうということもあり得ます。この問題は，たとえば仕事のための時間を何時から何時までと決め，それを守ればいいだけだと思うかもしれませんが，自分で自分を律するのは実際にはなかなか難しいものです。

　また，仮に自分で決めた仕事時間のルールをきちんと守れるだけの強い意志が本人にあったとしても，それだけでは不十分です。たとえば，同居している家族にもオンとオフの切り替えをしてもらわなくてはなりません。在宅で仕事をしている場合，家にいるんだからとあれこれ用事を頼まれ，仕事に集中できないということもあり得るからです。

　こうした問題への一つの対策として考えられるのは，自宅で仕事をするにしても，仕事と普段の生活のための空間は分けるようにするということです。できれば，仕事のために専用の部屋を割り当てるのがよいでしょう。そして仕事はその部屋でのみ行い，仕事の時間以外にはその部屋に立ち入らないようにします。そうすることによって，自分自身のオンとオフの切り替えもよりスムーズになるでしょうし，同居する家族にとっても仕事中かどうかの区別がつきやすくなります。

　なお，仕事をする場所とそうでない場所を明確に分けるという対策は，たとえば自宅で勉強する機会の多い生徒や学生にもあてはめられるでしょ

う。一人暮らしをする大学生などの場合，普段の生活の場と勉強する場所で別々の部屋を用意するのは経済的にも難しいとは思いますが，たとえ一部屋しかない場合でも，その中で勉強のためのスペースとそれ以外のスペースを明確に区別することで，勉強すべき時間とそれ以外の時間の切り替えがよりスムーズになるはずです。

A6.2

　確かに学校の主な目的は教育であり，そのためには教室や図書館の環境は非常に重要です。しかしまた，学校のように大勢の人が集まる場所では，それらの人々がお互いに交流できるような環境も必要です。「職場環境と憩いの場」（6.1.4）では職場における憩いの場の役割について取り上げましたが，それは学校環境においてもあてはまります。学生同士，あるいは学生と教職員が気楽に交流できることで，授業場面以外でのさまざまな情報の交換が行われ，交友関係が広まったり深まったりするのです。

　こうした他の学生同士の交流が好ましいものになっていれば，自分が通う学校に対する満足感や帰属意識（その学校の一員であるという意識）が強まることが考えられます。そして学校に対する満足感や帰属意識の強まりは，成績や学習意欲の向上にもつながり，より全体的な学習環境の向上につながると考えられます。

　学内で学生同士の交流が行われる場所の典型的な例としては食堂・カフェテリアや学生ラウンジがあります。とくに大学では，時間割によって授業と授業の間に長めの空き時間ができることもあり，そうした空き時間を快適に過ごせるようにラウンジなどのスペースが設けられています。その他，空き教室や教室移動中の廊下，喫煙室などが自然発生的に会話や交流の場として用いられることもあります。

　なお，ラウンジなどのスペースは，できるだけさまざまな学生が気軽に利用できるようになっていることが重要です。いつも特定のグループが占

有しているような状況は好ましくありません。また，交流の場なのだからと他者との交流を強いるような雰囲気になっているのも困りものです。よほど社交好きな人でもない限り，そうした雰囲気の場には入りづらくなってしまうでしょう。

インターネットなどの情報通信技術を用いた教育方法はオンライン学習やEラーニングなどともよばれますが，こうしたオンライン学習の長所や短所としてよくあげられるのは，次のようなものです。

長所
- 学習のための時間や場所が限定されない。
- 学習者のペースで学習を進められる。
- 何度でも繰返し学習できる。

短所
- 一人で学習することが多いため社会的孤立が生じやすい。
- 即時のフィードバックが得られにくい。
- 途中で脱落しやすい。

ここであげた短所のうち，一人で学習することが多いため社会的孤立が生じやすいという点は，自宅でのテレワークとも共通する問題です。教室の授業では，複数の受講生が同じ場所に集まり同じ内容の授業を受けるので，周囲には自分以外の人もいて，授業中や授業前後に他の人々と社会的なやりとりをする機会があります。しかし，Eラーニングの場合，学習する場所や時間を自分で決められる反面，周囲にクラスメートが存在しないため，自分一人で授業や課題に向かうことになります。

2つ目の要素である即時フィードバックの得られにくさも，しばしばオンライン学習の短所として取り上げられます。教室での授業であれば，授業中あるいは授業後にその場で質問すればその場で回答がもらえるのに対し，オンラインのクラスではメールなどで質問をし，しばらくしてから回答が返ってくることになります。ただ，大学での大人数の授業などの場合，

教室で質問をする学生は非常に少ないことから，メールや掲示板のシステムなどを利用して質問できることは，むしろ質問のハードルを下げるという面で長所となる可能性もあります。ただし，受講生が多い場合には，教師が一人ですべての質問に答えることは困難になります。

この1つ目と2つ目の点への対策として，たとえばチャットやメッセージング・システムなどを利用して受講生同士の交流の場を設けることが考えられるでしょう。そうすることによって，同じ授業を受講する他者の存在やその頑張りなどを知ることができるため，孤立感を和らげられる可能性があります。また，そうした場の中で，受講生がお互いに質問し合い，教え合うような状況ができあがれば，とくに受講者数の多い授業において，多数の質問に回答しなくてはならないという教師の負担が軽減される可能性もあります。

なお，オンラインコースの脱落率は教室での授業よりも10％から20％程度高いといわれ，脱落の原因としては受講生のやる気が低い，忙しくて時間がない，教材が良くない，システムが使いにくいなど，さまざまな要因が指摘されています。

こうした中，アメリカのいくつかの大学では，オンラインコースで教師と学生が可能な限りインタラクティブにやりとりできるようにしたり，受講生の質問に答えたり受講生にリマインダーを送ったりするコースマネージャーをコンシェルジュとして配置するなどの方法により，脱落率を大幅に下げることに成功している例もあるようです。

情報通信技術のさらなる進歩，生涯学習への関心の高まりや少子化による学生数の減少などさまざまな要因によって，今後は働きながら学ぶ人々を対象としたオンラインコースも増えてくることでしょう。その際には，インタラクティブにやりとりできる環境作り，継続的な受講を動機づけるための働きかけの2つが重要な要素となりそうです。

参考図書

サンドストローム, E.・サンドストローム, M. G. 黒川正流（監訳）(1992). 仕事の場の心理学——オフィスと工場の環境デザインと行動科学—— 西村書店

やや古い本ですが，職場環境を対象とした心理学的研究が幅広く扱われており，職場環境におけるさまざまな問題の全体像を把握するのに役立つでしょう。

Nair, P., & Fielding, R. (2009). *The language of school design : Design patterns for 21st century schools*. 3rd ed. Design-Share.

洋書ですが，学校環境デザインのパターン・ランゲージ（第9章参照）がまとめられており，大変興味深い書籍です。デザインの概要だけであれば，Webサイト（http://www.designshare.com/index.php/language-school-design）でもみることができます。

第7章 環境と安全・安心

日常の生活の中で，事故に遭いそうで怖いと感じる場所，何だか物騒で怖いと感じるような場所はないでしょうか。交通事故や，ひったくりといった犯罪行為は，しばしば特定の地域や近隣に集中して発生します。事故や犯罪が発生しやすい環境には何か特徴があるのでしょうか。本章では犯罪と環境の関係についてみていくことにします。

7.1 犯罪の地理的分析

上にも述べたように，スリやひったくりなど，ある種の犯罪にはそれらが発生しやすい場所とそうでない場所とがあります。犯罪の発生地点を地図上に示したとき，それらがとくに集中している場所を**ホットスポット**（hot spot）とよびます。犯罪の発生地点を視覚化する際には，面積あたりの犯罪件数が少ない地点は青，犯罪件数が多い地点は赤というように，犯罪の発生頻度に基づいて色分けした**ヒートマップ**（heat map）とよばれる図が多く用いられます（図 7.1）。そのような地図において，ホットスポットは地図上の他の領域に比べて赤い色になります。

7.1.1 犯罪のホットスポット

ホットスポットはどのようにして形成されるのでしょうか。フェルソン（Felson, M.）は，犯罪の発生は**潜在的犯罪者**，**犯行対象**，**犯罪抑止力**の3つの要素によって説明できるとする**ルーチン・アクティビティ理論**（routine activity theory；日常活動理論）を提唱しています。

ルーチン・アクティビティ理論では，犯罪を行おうとしている者（潜在的犯罪者）と犯罪者にとって魅力ある対象（犯行対象）が同じ場所に同時に存

第 7 章　環境と安全・安心

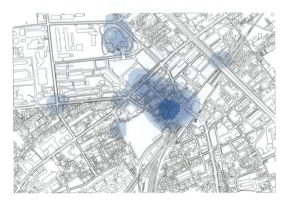

図 7.1　ヒートマップにみられるホットスポットの例
この図では，発生頻度が高いほど濃い色になるようにヒートマップを作成してある。この図の中でとくに色の濃い部分が，ホットスポットである（注：図は架空のデータを用いて作成したもので，実際の犯罪件数とは無関係である）。

在していながら，犯行対象の守り手（犯罪抑止力）がいない状況で犯罪が生じやすくなると説明します。万引きを例にあげると，万引きをしようとする者がいて，万引きの対象となる商品があり，監視の目が行き届かない状況で万引きが発生しやすいということになります（図 7.2）。

図 7.2　ルーチン・アクティビティ理論の 3 つの要素と犯罪発生の関係
潜在的犯罪者と犯行対象があり，抑止力のない状況で犯罪が起きやすくなる。

7.1 犯罪の地理的分析

　犯罪者となり得る人を含め，人々の日常生活には自宅から職場に移動する，近くのスーパーに買い物に行くなど，繰返し行われる活動（ルーチン・アクティビティ）のパターンが多く含まれています。人々が生活する中で，こうした活動のパターンや環境の特徴の組合せによってルーチン・アクティビティ理論の想定する条件が揃いやすい場所ほど犯罪が発生しやすく，ホットスポットになりやすいことが考えられます。

　このような場所と犯罪発生との関係に基づき，クラークとエック（Clarke & Eck, 2003）は，ホットスポットになりやすい場所を表7.1のように分類しています。

表7.1　ホットスポットになりやすい場所の3タイプ（Clarke & Eck, 2003）

犯罪を生み出す場所	大勢の人で賑わうショッピングセンターやイベント会場など，犯罪を行おうとする者（たとえばスリ）にとって魅力ある対象（たとえば財布を持った人々）が多く存在し，両者が居合わせる可能性の高い場所。
犯罪を引き寄せる場所	売春宿や麻薬売買の行われている場所など，犯罪を行おうとする者が好んで集まりやすい性質をもつ場所。
犯罪を放置する場所	管理者のいない駐車場など，犯罪行為を抑止する力が働きにくい場所。

　なお，スリは繁華街やバス・電車の車内など人が密集している場所で起きやすく，空き巣は住宅や事務所が密集した場所で起きやすいというように，ホットスポットになりやすい場所は犯罪の種類によっても異なります。

7.1.2　地理的プロファイリング

　プロファイリングという言葉を聞いたとき，多くの人が真っ先に思い浮かべるのは犯罪ドラマに登場するプロファイリングでしょう。そうしたドラマでは，凶悪犯の犯行手口などから犯人像を推定し，犯罪捜査が行われます。もちろん，ドラマに用いられている描写はあくまでフィクションであり，実際のプロファイリングとは大きく異なっていますが，このように犯行現場に

残されたさまざまなデータを分析して犯人像や犯人の居所を推定しようとする手法は**犯罪者プロファイリング**（offender profiling）とよばれています。

犯罪者プロファイリングにはさまざまな手法がありますが，このうちの一つである**地理的プロファイリング**では，同一の犯人によると思われる犯行地点の時間的・空間的分布を統計的に解析することによって犯人の行動パターンを発見し，犯人の拠点を推測したり次の犯行地点を予測したりします。テレビドラマなどにしばしば登場する犯罪者プロファイリングが犯人の属性を推定しようとするのに対し，地理的プロファイリングは犯人の居場所や次の犯行地点など犯行に関する場所を推定しようとする点で異なっています。

イギリスの環境心理学者カンター（Canter, D.）によって提唱された**サークル仮説**（circle hypothesis）とよばれるモデル（図 7.3）では，犯人の住居や職場などの拠点は複数の犯行地点のうちもっとも離れた2点を直径とする円の内側になると予測します。このような予測が成り立つ背景には，犯罪者の多くが自宅や職場など，自分がよく知っている場所の近くで犯行におよびやすいということがあります。

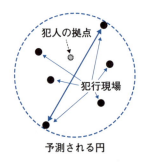

図 7.3　サークル仮説による犯人の拠点の推定
犯人の拠点は，もっとも距離の離れた犯行地点を直径とする円の内側にある確率が高い。

なぜ犯罪者は自分がよく知っている場所の近くで犯行におよびやすいのでしょうか。**環境犯罪学**（environmental criminology）を提唱したブランティ

ンガム夫妻（Brantingham, P. J., & Brantingham, P. L., 2008）は，犯罪者の犯行場所の選択のほとんどは行き当たりばったりではなく，そこには犯罪者の日常的な活動空間や環境知識の影響によるパターンが存在するという**犯罪パターン理論**（crime pattern theory）を提唱しています。

犯罪者も日常の大半は普通の人々と変わらない生活を送っており，自宅や職場，娯楽のための場所など，さまざまな日常活動の拠点をもっています。そして，そうした拠点周辺の空間には日常的に頻繁に訪れるため，犯罪者はその環境に対する知識を多くもっています。そのような，犯人にとってある程度知識のある空間（**意識空間**；awareness space）では，犯行の機会を見つけたり犯行対象を見つけたりしやすくなるために，犯人が犯行におよぶ可能性が高まると考えられるのです（図7.4）。

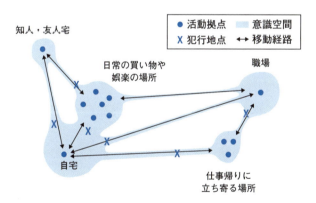

図7.4 犯罪者の意識空間と犯行地点のパターンの例
犯行地点は犯罪者がもつ意識空間の中で選択される。

なお，自宅や職場の周辺は犯人にとっては身近な環境ですが，その分誰かに見つかった場合に身元がばれる可能性が高くなり，警察の捜査の範囲に含まれる可能性も高くなります。しかし，あまりに遠く離れた場所では，その場所についての知識が乏しいために犯行に適した場所や逃走経路を探すのが困難になります。そのため，自宅や職場などの拠点から適度に離れた場所が

犯行地点に選ばれやすいという考えもあります（Rossmo, 1999）。

　サークル仮説や犯罪パターン理論の考え方の背景には，一般の人々がそうであるように，犯罪者も自分にとってできるだけ利得が多くなるように行動を選択するはずだという仮定があります。たとえば，どのような行動もそれを実行するためにはそれなりの手間や時間，費用がかかります。たとえ高い報酬が得られる仕事であっても，それが非常に危険度の高い仕事であったり多大な手間や労力を必要とする仕事であったとすれば，その報酬の魅力は削がれてしまうでしょう。同じ1万円の報酬が得られる作業であっても，それがすぐにできる簡単な作業である場合と事前に何カ月もの準備が必要で手間のかかる作業の場合とでは，後者に対する魅力は大きく低下します。

　そしてこのことは犯罪者にとっても同様で，犯行場所や犯行対象は犯行のために必要な労力（手間，時間がかかる）や犯行に伴うリスク（発見，処罰される）と，犯行によって得られる利益（金銭的価値，欲求充足の程度）とのバランスによって選択されることが考えられます。このような，犯罪者も犯罪者なりに損得や効用を考え，本人にとって合理的と思われる選択をして行動しているのだという考え方は，地理的プロファイリングの理論や次に述べる**場所に基づく犯罪予防**の理論の多くに共通してみられます。

7.2 環境の特徴と犯罪予防

　犯罪が発生しやすい物理的な環境や状況に着目し，それらを防犯対策に活かそうとする考え方もあります。環境のデザインや維持管理を通じて犯罪の発生を抑止しようとする考え方は，**場所に基づく犯罪予防**（place-based crime prevention）とよばれています。

　場所に基づく犯罪予防への関心を集めた象徴的な出来事に，「近代建築の死」ともいわれた**プルイット・アイゴー**（Pruitt-Igoe）団地の失敗があります。プルイット・アイゴーはアメリカのセントルイス中心部の最貧困地区を再開発して建てられた公営団地で，約23ヘクタールの敷地に11階建てのビルが

7.2 環境の特徴と犯罪予防

33棟も建ち並ぶ大規模なものでした。

1950年代半ばに完成したプルイット・アイゴーは当初こそ入居率はそこそこだったようですが，完成から10年と経たないうちに環境が急速に悪化し，犯罪が急増していきました。ニューマン（Newman, 1996）は，プルイット・アイゴーの荒廃の様子について次のように述べています。

> 並木はすぐさまガラスやゴミで溢れかえり，1階に設けられた郵便受けは破壊され，通路やロビー，エレベーターや階段は歩くことができないほど危険な場所になった。そこら中に落書きがあり，ゴミや排泄物が散乱していた。エレベーターや洗濯室，コミュニティルームは破壊され，ゴミ投入口にはうずたかくゴミが積み上げられていた。女性たちは，子供の送り迎えや買い物に行くために集団で行動しなくてはならなかった（p.10）。

やがてプルイット・アイゴーは警察も迂闊に近づけないほど危険な場所となり，1960年代の終わり頃までには大部分が無人化してしまいました。そして，完成からわずか17年後の1972年に爆破解体される結果となったのです。

プルイット・アイゴー失敗の原因については現在でもさまざまな議論がありますが，ニューマンはプルイット・アイゴーには環境デザインにおける失敗があったと指摘しています。たとえばこの団地には敷地周辺に塀や柵などがなく，建物周辺のスペースや建物の1階部分は住民の交流活動に使用できるような公共スペースとしてデザインされていました。そのため，団地住人でなくても誰でも簡単に入れるようになっていたのです。

また，各棟にはコミュニティルームなどが設置されていましたが，それらの空間は普段の活動の中で住民の目が届きにくいものになっていました。このように，プルイット・アイゴーではそのデザイン的な特徴によって犯罪に対して非常に無防備な状況ができあがっていたと考えられています。

7.2.1 守りやすい空間

こうした調査結果などに基づいて，ニューマン（Newman, O.）は**守りやすい空間**（difensible space）の理論を唱えました．守りやすい空間とは，住民たちが犯罪から身を守ることを容易にする建物の構造や配置などを備えた住環境を指します．この理論では，**テリトリアリティ**，**自然監視**，**イメージ**，**周辺環境**の重要性が指摘されています．

第3章で述べた**テリトリアリティ**は，空間の守りやすさとも関係しています．守りやすい空間の理論では，**物理的障壁**（physical barrier）や**象徴的障壁**（symbolic barrier）によって住民のテリトリーが明確化されていることで，その場所の守りやすさが高まると考えられています．

なお，**物理的障壁**とは，敷地境界に設置された塀やフェンスなど，他者がその領域に立ち入ることを物理的に困難にするようなものをいいます．これに対し，**象徴的障壁**は物理的な移動を制限するものではありませんが，そこが所有されている場所であることを明確にし，他者がその領域に立ち入ることをためらわせるようなものをいいます．たとえば，塀やフェンスがなく物理的に立ち入ることが容易であったとしても，門柱や花壇などその場所に所有者がいることを示す象徴的なものがある場合には，そこに立ち入ることに対して心理的な抵抗が生じやすくなります（図7.5）．

図7.5 物理的障壁と象徴的障壁によるテリトリーの明確化
左：塀やフェンスといった物理的障壁は，テリトリーへの侵入を物理的に制限する．
右：物理的に進入可能でも，所有を示す象徴が存在する場合には，テリトリーへの進入は行われにくくなる．

自然監視（natural surveillance）とは，普段の活動の中で自然と人々の目が行き届くような状態をいいます。たとえば団地内の共用スペースなどに対しては，窓や入り口などの配置を工夫して住民たちの目が自然に届きやすくなるようにすることで不法な行為を防ぐことが容易になり，その場所の守りやすさが高まると考えられます。

守りやすい空間における**イメージ**とは，いかにも低所得者用公共団地であるといった烙印が押されたりしないよう，デザインに配慮がなされていることも重要だということです。周囲から目立つような建物は近隣の目印となって犯罪者などが集まりやすく，守りやすさを低めます。また，画一的で無機質なデザインに対しては住民たちの**愛着**や**所有意識**が形成されにくく，それが破壊行為や違法行為などに対する無関心につながる可能性もあります。

また，犯罪の少ない安全な地域に隣接していれば住居の守りやすさが高まるというように，住空間の守りやすさはその住居そのものの特徴だけでなく**周辺環境**の影響も受けることになります。

7.2.2 CPTED

守りやすい空間の理論が唱えられたのとほぼ同時期に，ジェフリー（Jeffery, C. R.）は環境デザインを通じて犯罪の発生要因を減らすことで犯罪が抑止できるという考えを提唱しました。ジェフリーのこの考えは，「Crime Prevention Through Environmental Design（環境デザインによる犯罪防止）」の頭文字をとって **CPTED**（セプテッド）とよばれています（図 7.6）。

CPTED の考えでも**テリトリーの明確化**や**監視性**などが重視されており，ニューマンによる守りやすい空間の考え方と CPTED の考え方には共通する部分が多くあります。ただし，守りやすい空間が主に住居を対象とした考え方であるのに対し，CPTED は都市計画を含むより広い範囲の環境を対象とした考え方であるという点で，両者には違いがみられます。

図 7.6　CPTED の応用例
少数の明るい照明を設置するよりも（図左），暗くても多数の照明を設置するほうがよい（図右）。少数の明るい照明は影になる部分を生み，死角を発生させる。

7.2.3　割れ窓理論

　環境と犯罪防止に関する理論で一般の人々にもっともよく知られているのは**割れ窓理論**（broken-window theory）かもしれません。この理論はウィルソンとケリング（Wilson & Kelling, 1982）が提唱したもので，「もし建物の窓が 1 枚割れたままになっていたら，やがて残りの窓もすべて割られてしまうことになるだろう」という例えにその考えが表されています。窓が 1 枚割れているくらい大したことではないと感じるかもしれませんが，それが放置されたままになっているような場所では，多少のことなら罰せられないだろうといった認識が生じやすくなり，結果として違反行為が増加してしまうというのです。

　ウィルソンとケリングは，この考えを支持する例としてジンバルドー（Zimbardo, P.）が 1969 年に行った実験をあげています。この実験では，ナンバープレートを取り外した自動車をボンネットを開けたまま路上に放置し，その自動車がどうなるかが観察されました。しかし比較的治安の良いパロ・アルトでは，自動車は被害もなく 1 週間以上そのままでした。そこでジンバルドーが自動車の一部を壊してみたところ，通りすがりの人々がその車をさらに壊していくようになり，数時間のうちに自動車はひっくり返され，完全

7.2 環境の特徴と犯罪予防

に破壊されてしまったのです。

このように，たとえ軽微な違反行為であっても，それらが放置されていると，これぐらいなら大丈夫だろうというように違反行為や犯罪行為に対する心理的抵抗が下がり，違反行為や犯罪行為が生じやすくなります。違反行為や犯罪行為が増えるとその地域の治安は悪化し，さらに重大な違反や凶悪な犯罪が行われやすくなると考えられます（図 7.7）。割れ窓理論では，こうした事態を防ぐために**環境の荒廃**（incivility）の初期段階における環境管理の重要性を主張しています。なお，環境の荒廃を示すサインには，物理的なものと社会的なものとがあります（**表 7.2**）。

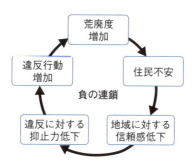

図 7.7　割れ窓理論によって想定される負の連鎖
小さな違反行為の放置が地域の治安を悪化させ，より重大な違反や犯罪を生む。

表 7.2　環境の荒廃を示す物理的サインと社会的サイン

物理的サイン	器物損壊，落書き，ゴミの散乱，放置バイクや放置自転車，管理されず放置された空家や空き地　など
社会的サイン	浮浪者や娼婦，客引き，酔っ払い，たむろしている若者，禁煙区域での喫煙，路上での暴力行為　など

7.3 地域コミュニティと防犯

　守りやすい空間やCPTEDなどの場所に基づく犯罪予防の考え方は，建物や街路など，環境の物理的要素の設計やデザインに対してさまざまな示唆を与えてくれるでしょう。しかし，物理的環境への配慮だけで防犯の問題がすべて解決するわけではありません。たとえば，自然監視を高めるような配慮がなされた場所にたくさんの人がいたとしても，そこにいる人々が他者の行為にまったく無関心であったとすれば犯罪の抑止力にはならないからです。

　また，場所に基づく犯罪予防を実際場面で応用しようとしたとき，いくつかの問題が立ちはだかることもあります。たとえばテリトリーを明確にするための方法は，私有地には応用できても駅や大通りのような公共の空間に応用することは困難です。また，公共空間における監視性の高さが，プライバシーの点から問題となる場合もあります。

　クリーブランドとサビル（Cleveland & Saville, 2003）は，犯罪抑止のためには単なる物理的な環境設計にとどまらず，住民の多様性を尊重しながら，住民同士が積極的に交流できるような社会設計が必要だと主張しています。たとえば，そこに住む人々が「これこそ自分たちの地域だ」と感じられるような音楽やスポーツ，お祭りといったさまざまなイベントを積極的に行ったり，地域の歴史や文化にふれられる機会を設けたりすることによって**コミュニティ意識**を高めるような取組みが重要だというのです。

　そこが自分たちのテリトリーであるという意識は，その場所を外部の人間から守ろうとする行動を増加させます。同様に，住民が自分の住む地域を自分たちのテリトリーであると感じている場合，その地域の秩序維持に対する住民たちの関心は高まります。このため最近では，地域の防犯性向上の一環として，町内会やご近所さんなどの近隣ネットワークを活性化させようとする取組みが日本でも盛んに行われています。

7.4 環境と犯罪不安

　環境と犯罪に関連したもう一つの要素に，犯罪に対する人々の不安があります。ここは物騒な場所だ，ここはなんとなく怖い場所だというように，場所に対して不安を感じた経験は多くの人にあるでしょう。自分や家族が犯罪に遭遇することに対して感じる不安を**犯罪不安**（fear of crime）とよびますが，この犯罪不安の強さには，自分が犯罪被害に遭う可能性の高さについての認知や，被害の深刻さについての認知，そのような事態に対処できるかどうかについての認知（**統制感**）など，さまざまな要因が影響しています。また，犯罪不安は，夜道を一人で歩いているときに怖いと感じるようなより具体的なものである場合と，「自分もいつかは犯罪被害に遭うかもしれない」といった，より漠然としたものである場合とがあります。

　犯罪不安の高さには，自分自身が犯罪被害に遭いそうになったり，あるいは家族や知人などが被害に遭ったのを見聞きしたり，テレビや新聞で事件報道を見たりなど，犯罪の直接的あるいは間接的な経験が影響しますが，それ以外にも環境の中のさまざまな特徴によって影響を受けます。たとえば**割れ窓理論**のところで述べたように，環境の荒廃を示すようなサインが多くある場合には，その環境に対する犯罪不安が高まります。また，暗い夜道や人通りの少ない狭い道などといった環境の物理的特徴が不安を高めることもあります。

　なお，犯罪不安は人々の**主観的判断**に基づくものであるため，人々が犯罪不安を感じやすい場所と，実際に犯罪の発生しやすい場所とにズレが生じてしまう場合もあります。たとえば樋村ら（2003）は，人々がひったくりの不安を強く感じる場所と，実際のひったくりの発生頻度にズレがみられる例を示しています（図7.8）。

　犯罪に対して不安を感じていなければ，警戒心は低くなります。犯罪が起きやすい場所で十分警戒していなかったとしたら，犯罪の被害に遭う確率は高まるでしょう。その逆に，実際には犯罪が少ないにもかかわらず，過度に

図7.8 ひったくりの不安を感じる場所と，ひったくりの実際の発生場所
（樋村ら，2003 をもとに作成）

不安を感じているという場合も問題です。さまざまな取組みによって犯罪が減少したとしても，人々の犯罪に対する不安が高い場合には，地域に対する愛着が低下し，長期的に好ましくない影響をおよぼす可能性があるからです。このように，とくに地域における防犯対策では，人々の不安感情を考慮した取組みも重要となります。

7.5 まとめ

　犯罪学や犯罪心理学は，犯罪者個人を対象とする研究を行っているというイメージが強いかもしれませんが，近年では犯罪を引き寄せる，あるいは犯罪の発生を防げない場所や状況など，環境と犯罪の関係についての研究が数多く行われるようになりました。また，犯罪が発生しやすい環境の特徴を見つけ出し，それらに対処することで防犯に役立てようとする研究も数多くなされています。そこでは，犯罪学や地理学そして心理学など，さまざまな領域の研究者たちが研究を行っています。

7.1

空き巣に入られやすい家には何か共通する特徴があるのでしょうか。あるとしたらどのようなものが考えられるでしょうか。

memo

第7章 環境と安全・安心

7.2

地域での防犯の取組みに対する注目が集まっていますが，地域防犯活動は活動を継続するうえでさまざまな困難を抱えています。地域防犯活動を困難にする要因にはどのようなものがあるでしょうか。また，それらを克服するためにはどうすればよいでしょうか。

memo

Q7.3

2012年（平成24年）に行われた内閣府の「治安に関する世論調査」では，全体の80%以上の人々が「この10年間で日本の治安は悪くなった」と回答しています。では，実際に日本の治安はどの程度悪化したのでしょうか。もし犯罪実態と人々の体感治安が一致していないとしたら，その原因として何が考えられるでしょうか。

memo

7.1

　空き巣に入られやすい家とそうでない家については，これまでもいくつかの研究が行われています。たとえば，ブラウンとベントレー（Brown & Bentley, 1993）は，押し入り強盗で服役中の受刑者たちを対象に，実際に空き巣・強盗被害に遭った家とそうでない家の写真を数枚見せ，その家への侵入のしやすさを評価させるという研究を行っています。この研究では，被害に遭った家とそうでない家を写真の特徴から区別することは困難でしたが，受刑者たちが侵入の容易さを判断する際には，テリトリアリティの強さ，近隣の活動（人目の多さ），物理的障壁（フェンスや鍵など）が大きく関係していることが示されました。

　テリトリアリティと犯罪の関係についてはこの章でも第3章でもふれましたが，ブラウンらの研究結果によれば，公道と敷地の境界が曖昧であったり，表札などもなく住宅の所有を主張するようなサインが少ないなどの特徴が，犯罪者たちに住居への侵入しやすさを感じさせる特徴となっています。また，散歩をしている人，庭の手入れをしている人など，家の周辺に人目が多くある場合には，侵入しにくいと感じさせるようです。

　日本でも岩倉ら（2015）が侵入窃盗犯を対象に調査を行い，侵入窃盗犯による住宅への侵入しやすさの判断には外からの見えやすさが強い影響を与えていることを示しています。庭の手入れが行われておらず樹木が伸び放題になっている家や，高いブロック塀で囲まれていていったん入ってしまえば外から見えないような構造をもつ家は侵入しやすいと感じられるようです。

　なお，こうした研究では，一般の人々と犯罪者の間で住宅の防犯性に対する認識の仕方が違うことが示されています。たとえば，岩倉ら（2015）では一般の学生は高いブロック塀を侵入のしにくさと関連づけていましたが，侵入犯たちはむしろ死角ができるとしてそうした特徴を好んでいまし

た。

　また，警察庁の「犯罪統計」では，住宅侵入犯の手口はトップが無施錠住宅への侵入（約45%），次いでガラス破り（約37%）で，この2つで全体の80%以上になります。この数値は戸建住宅だけでなくマンションなども含めたものです。マンションでは，高層階だから，オートロックだからという理由で窓や玄関の施錠がおろそかになっていることがあり，そうした油断が侵入窃盗犯のターゲットとなります。オートロックだからといって部外者の侵入が不可能なわけではありませんし，高層階でも屋上や隣の建物，隣の部屋などから壁やベランダ伝いに移動してきて侵入するようなケースもありますので，やはり用心が必要です。

7.2

　地域防犯活動でしばしば問題となるのがメンバー確保の難しさです。地域パトロールを行おうにも，仕事で忙しい人が多く，活動の担い手が限られているのです。多くの場合，活動メンバーはすでに退職した高齢者が中心になってしまいます。

　こうした社会構造的な問題のほか，頑張りすぎて負担感が大きくなり長続きしない，活動がマンネリ化して意欲が低下する，などもしばしば問題としてあげられます（小俣，2011）。また，地域の防犯活動は地域の人々が自主的に行うものであることも多く，その地域の実際の犯罪発生状況がよくわからないまま，とりあえず近隣自治体と同じ活動をしているという例もあります。そのような場合，実際にほとんど犯罪が起きていない場所ばかりパトロールしていたりと，活動そのものが非効率になっている可能性もあります。

　これらの問題はどれも解決が難しいものばかりですが，たとえばメンバー確保の問題については，地域の住民がみんなで同じことをするのでなく，それぞれの住民がそれぞれにできる範囲で活動に関わるという形をとるこ

とで改善されるかもしれません。働いている人は昼間のパトロールは無理かもしれませんが，近年多くの自治体や組織が住民向けに提供している犯罪・防犯情報を収集・整理して見回りを強化すべき場所を検討したりするような作業は昼間でなくても可能です。情報機器を用いたそうした作業は，高齢世代よりも若い世代のほうが得意なことが多いでしょう。

また，とくに日本においては，犯罪が同じ地域の中でそうそう頻繁に繰り返し起きるということはありません。そのためどうしても防犯活動の効果は実感しづらく，活動が負担に感じられたり，マンネリ化したりという問題が生じやすくなります。こうした問題を軽減するための一つの方法として，小俣（2011）は活動に副次効果をもたせることをあげています。副次効果とは，たとえば近隣の人々と防犯活動を行うことで地域の交流が深まった，パトロールで歩くことで健康になったなど，防犯とは直接関係しない効果のことをいいます。防犯そのものの効果は非常にわかりづらいですが，こうした自分と深く関連したわかりやすい効果を実感できれば，活動への負担感やマンネリ感を低下させられるかもしれません。

活動の効率性の問題に関しては，防犯活動を行っているさまざまな組織が連携し，情報を共有することなども重要でしょう。現在の地域防犯活動は，町内会や自治会のほか，PTA，地域ボランティア団体，NPOなど，さまざまな活動主体により行われています。これらがそれぞれバラバラに活動していたのでは，情報も人手も細切れになり，効率も悪くなるはずです。

7.3

警察庁の「犯罪統計」によれば，犯罪の認知件数は平成14年（285万件）をピークにその後は減少し続けています（図7.9）。治安に関する世論調査が行われたのは平成24年ですが，平成24年の犯罪認知件数総数は138万件で，世論調査の質問における比較対象である10年前の平成14年に比

べて半減しています。また，これは平成 10 年以前の比較的認知件数が少ない時期と比べても少ない水準にあります。

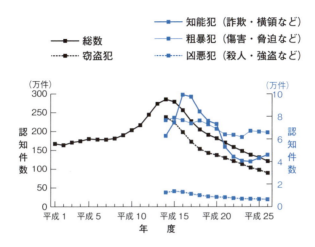

図 7.9　平成以降の総犯罪認知件数および主な罪種の認知件数の推移
データは平成 26 年度までの警察庁の「犯罪統計」に基づく。犯罪種別ごとのデータは平成 14 年以降のみで，それ以前は認知件数総数のみが示してある。認知件数総数と窃盗は左の数値軸，それ以外の罪種は右の数値軸を使用して示した。犯罪種別は警察庁の分類による。

　犯罪の件数がわずかしか減少していないなら，それが人々に実感されにくいのは理解できます。しかし，10 年前に比べて半減しているのです。それなのになぜ 80％もの人々が治安が悪くなったと答えているのでしょうか。

　その主な原因として，人の認知的特性が考えられます。一般に，人は日常的な当たり前のことよりも事件や事故のような特別な出来事を記憶しやすい性質をもっています。とくに重大な事件については，テレビや新聞で繰返し報道され，またインターネットなどのメディアでも繰返し見聞きすることになります。それにより，その事件についての記憶はさらに強められることになります。

そして人々が出来事の頻度を判断する際には，**利用可能性ヒューリスティック**（availability heuristic）とよばれるヒューリスティック（第8章8.3参照）が多く用いられる傾向があります。このヒューリスティックでは，思い出しやすいものほど頻繁にあったと感じられやすいため，報道などによって事件の記憶が強められると，事件が頻繁に起きているように感じられてしまいます。

また，交通機関の発達による人々の活動範囲の拡大やインターネットなど情報通信技術の進歩もあり，以前であればあまり知る機会のなかったような遠方の事件や事故についても見聞きする機会が増加しています。見聞きする範囲が広がれば，事件や事故について知る機会も増えることになります（図 7.10）。しかしこのとき，自分が見聞きした事件の数が増えたことには注目しても，自分が情報を得ている範囲も広がっているのだということに対してはあまり注意が払われません。

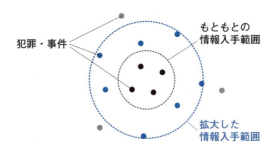

図 7.10　情報入手範囲の変化と犯罪件数の認知
全体としての犯罪発生状況に変化がなくても，情報を得る範囲が広がれば，それだけ見聞きする事件や犯罪の件数は多くなる。

これ以外にも，日本の犯罪発生率は世界各国と比べても一，二を争うほど低いにもかかわらず人々の犯罪に対する不安は上位に入るほど強いというように，文化的・社会的要因による影響なども考えられます。

参 考 図 書

小俣謙二・島田貴仁（編著）（2011）．犯罪と市民の心理学——犯罪リスクに社会は
　　どうかかわるか——　北大路書房

　犯罪不安や犯罪リスク認知，コミュニティと防犯など，犯罪にまつわる問題を心理学的視点から広くかつ詳細に取り扱った内容です。

フェルソン，M.　守山　正（監訳）（2005）．日常生活の犯罪学　日本評論社

　ルーチン・アクティビティ理論の考え方や日常の環境における防犯の考え方などが詳しく説明されています。

越智啓太（2008）．犯罪捜査の心理学——プロファイリングで犯人に迫る——　化
　　学同人

　実際の犯罪者プロファイリングの手法について，例を踏まえながら解説されています。犯罪者プロファイリングに興味のある人が最初に読む本としておすすめです。

ロスモ，D. K.　渡部昭一（監訳）（2002）．地理的プロファイリング——凶悪犯罪者
　　に迫る行動科学——　北大路書房

　地理的プロファイリングの第一人者による，地理的プロファイリングの理論と実践についての解説です。

第8章 環境と災害

第4章の**回復環境**では自然環境によるストレスの回復効果について取り上げましたが，自然環境は人間にとって好ましい影響ばかりをもっているわけではありません。地震や津波のように，人々にとって脅威となる側面ももっています。そこでこの章では，そうした災害による人々への影響と，災害に対する人々の行動についてみることにします。

8.1 災害の特徴

エヴァンスとコーエン（Evans & Cohen, 1987）による環境ストレスの分類（第4章）では，災害による被害は**大変動**に相当します。災害の中には地震や台風のような自然活動が原因であるものと，発電所の事故などのような技術的原因によるものとがあり，またその種類によって災害事象の**持続時間**や**予測困難度**に違いがみられます。

8.1.1 自然災害

地震や台風，津波，噴火など自然によって引き起こされる**災害事象**（hazard）により生じる災害を**自然災害**（natural disaster）とよびます。地震や噴火などはとくにそうですが，こうした災害にはそれがいつどこで起きるのかを正確に予測することが困難であるという特徴があります。また，自然災害の威力は非常に強大で，私たちが制御できる程度をはるかに超えてしまうものも少なくありません。

多くの場合，自然災害では原因となる災害事象そのものは数秒から数分，長くても数日で終わるような短期的なものですが，中には干ばつのように長期的に続くものもあります。いずれの場合も，その後の復興には長い時間と

多くの労力を要します。

自然災害と私たち人間との関係について，ソレンセンとホワイト（Sorensen & White, 1980）は図 8.1 のような図式を用いて説明しています。この図式にみられるように，自然災害は台風や地震などの**災害事象**と**人間社会**との**相互作用**によって生じるものです。たとえば，強烈な台風が誰も住んでいない無人島を襲ったとしても，おそらくそれは自然災害とはよばれないでしょう。その台風によって影響を受ける人々がいないからです。しかし，同じ台風が大勢の人々が住む地域を直撃すれば，多くの人々がその影響を受け，災害として認識されることになります。

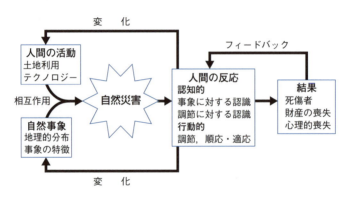

図 8.1　自然災害と人間の関係（Sorensen & White, 1980 をもとに作成）

また，人間は単に災害の被害を受ける立場にいるだけではなく，過去の災害経験をもとに，周囲の物理環境や社会環境を変化させ，生活様式を変化させたりしながら環境に適応していきます。その結果，たとえば堤防の建設などによって，自然災害の頻度や強度，災害が起きやすい地点の分布が変化する場合もあります。

8.1.2　技術的災害

災害のうち，発電所の事故，ダム決壊による洪水，タンカー座礁による海

洋汚染など，主に人為的，技術的な災害事象を原因とするものは**技術的災害**（technical disaster）とよばれます。技術的災害の主な原因は，判断ミスや操作ミス，設計ミスなどといった人間の側の要因や，装置の故障などの技術的要因です。しかし中には，たとえば地震による原子力発電所の事故のように，自然災害と技術的災害が複合する形で発生する場合もあります。

技術的災害を引き起こす災害事象の持続時間も災害の種類によってさまざまです。ダムの決壊や大停電のように突然に発生し比較的短期に終わるものもあれば，有毒廃棄物や放射性物質による汚染のように長期間慢性的に続くものもあります。とくに後者のような災害では，最悪の状況がなかなかおさまらないだけでなく，いつになったら復興に向かうのかもわからないことが多いため，こうした不確かさが強いストレスにつながります。

また，自然災害の場合，その原因となる地震や台風などの災害事象の多くは過去何度も繰り返されてきたものであり，また世界中を見てみれば毎年のようにどこかで発生しているということもあって，私たちは比較的それらの災害事象に対して知識をもっています。しかし，とくに原子力発電所の事故のような災害事象は，自然事象のように頻繁に発生するものではなく，また高度な技術が用いられていて一般の人々にとっては理解の難しいものであるために，その影響の深刻度などの判断が困難になります。そのため，危険性を過小評価しすぎて対策を怠り，被害を拡大させてしまったり，その逆に過剰に危険視して不安感や恐怖感を強めてしまったりする場合があります。

8.2　災害による影響

災害によって自身が被害を受けたり，あるいは家や家族，友人を失ったりすることは，大きな心理的苦痛を引き起こすと考えられます。災害の発生直後や，その後の影響にはどのようなものがあるのでしょうか。

8.2.1　災害発生直後の影響

　災害を扱った映画やテレビドラマなどでは，災害発生直後に人々がわれ先に逃げようと避難経路に殺到し**パニック**に陥っている場面がしばしば描かれています。そうしたことから，災害発生直後に生じる心理的・行動的な影響として真っ先にパニックの発生を思い浮かべた人もいるでしょう。しかしこれまでの研究では，災害発生直後にそうしたパニックが生じるのは非常にまれであることが示されています。

　心理的反応の面では，災害発生直後にはその出来事に対する恐怖や不安，怒りなどの感情が多く生じ，そうした感情は時間の経過とともに沈静化していきます。三浦ら（2015）は，東日本大震災直後のTwitterへの書き込みを分析することで，災害発生直後にはとくに不安反応が増加することを示しています。また，三浦ら（2015）の結果では，地震や津波に対する感情反応の大部分は数日後には次第に沈静化していく傾向がみられるのに対し，原発事故に対する反応はなかなか収束せず長期的に継続するというように，災害に対する感情反応がその災害事象の特徴によって異なることも示されています。

8.2.2　災害による長期的影響

　災害によって家や財産を失ったり，家族や友人を失ったりした場合には，災害によるストレスはさらに強いものとなり，その心理的影響も長引くことになります。災害による長期的な心理的影響としてもっともよく取り上げられるのが，**心的外傷後ストレス障害**（post-traumatic stress disorder；**PTSD**）です。PTSDは，災害や犯罪被害など精神的に強いショックをともなう出来事を経験したあとに，その出来事が本人の意思とは無関係に思い出される**フラッシュバック**が生じたり，不眠や極度の緊張状態が続いたりする心理的障害です。

　災害による被害を受けた人々のうち，どれくらいの人々にPTSDの症状が現れるのか，またそうした症状がどのくらいの期間続くのかについては，災害の性質や時期によって異なります。また，PTSDの症状の現れやすさは，

年齢や性別，パーソナリティなどによっても異なりますが，一般的に男性よりも女性のほうが PTSD になりやすいといわれています。

　災害後の長期的な影響には，災害により移住を余儀なくされたり職を失ったりなど，生活の大きな変化が原因となって生じるストレスもあります。また，避難所での生活を強いられている場合には，プライバシーの欠如や過密などの問題も生じます。とくに大勢の人々が被害を受けた場合には，援助を必要とする人々の数が提供される援助の量を上回り，必要な援助が得られにくくなる状況が発生することもあります。

　なお，災害による影響は否定的なものばかりとは限りません。これまでの研究では，災害の発生後にその地域の結束力が高まったり社会的絆が深まったりといった，プラスの影響がみられることも報告されています。こうした社会的変化は，被災した人々が喪失や混乱から立ち直るうえで大きな助けになっていると考えられます。

　また，災害を経験した個人の中にも，その苦難を乗り切った達成感やより肯定的な人生観への変化といったプラスの影響がみられる場合があります。このような，大きな困難を乗り越えた後にみられる人間的成長は，心的外傷後成長（post-traumatic growth；PTG）とよばれています。

8.3　災害リスクの認知

　災害事象は私たちに大きな被害をもたらす可能性をもっています。災害，事故，犯罪被害など，日常の中には私たちに危害を及ぼしかねないさまざまな要素が存在しますが，こうした危険性のことをリスクとよびます。また，人が事故や災害などのさまざまなリスクについて判断する過程はリスク知覚（risk perception）やリスク認知（risk congnition）とよばれています。たとえばベルら（Bell et al., 2001）は，災害リスクの認知に関する主な現象として危機効果（crisis effect）や堤防効果（levee effect）をあげています。

　危機効果とは，災害の発生中あるいはその直後にならないと災害に対する

関心や注意が高まらないことをいいます。たとえば地震災害についての注意喚起は、実際に地震が発生するまでは軽視されがちです。ところが、いったん地震が発生すると地震に対する人々の関心が一気に高まり、地震対策に関する社会的取組みが増加したりします。しかしこうした関心や取組みは、多くの場合一時的な盛り上がりの後にすぐに減少してしまいます。

堤防効果とは、災害を防ぐための手段を講じた後に、人々がその防護措置をあてにしながら生活するようになってしまうことを指します。たとえば、堤防は洪水被害を防ぐための防護措置です。それまで洪水が起こりやすく危険であると考えられていた場所でも、いったん堤防が建設されると、そこに住宅や工場などがたくさん建設されるようになります。しかし堤防があるから絶対に洪水が発生しないというわけではありません。時に堤防は決壊し、甚大な被害をもたらすことになります。

8.3.1　ヒューリスティックとバイアス

日常における判断のほとんどにおいて、私たちは**ヒューリスティック**（heuristic）とよばれる直感的な思考を用いています。ヒューリスティックとは、ものごとや出来事がもつさまざまな特徴のうちのごく限られたものだけに注目し、そこから経験的に正しいと思われる答えを導き出すという思考様式です。ヒューリスティックを用いた判断は、多くの場合にはそれなりに妥当な答えを得ることができますが、時として誤りや歪みを含む可能性をもっています。

表 8.1 は主なヒューリスティックの一覧です。こうしたヒューリスティックは、私たちが災害などのリスクについて判断する際にしばしば用いられます。たとえば、他の地域で発生した地震のニュースをテレビや新聞で見ているうちに、最近地震が多いのではないかと不安になったことがあるのではないでしょうか。これは、テレビや新聞で見たニュースによって地震のことが思い出されやすくなり、その発生確率が普段よりも高く見積もられることが影響しています。

この他，人々の認識や判断には**認知バイアス**（cognitive bias）とよばれる歪みが含まれていることが多々あります（**表**8.2）。

表8.1 主なヒューリスティックと災害リスク認知

ヒューリスティック	判断の特徴と災害リスク認知の例
利用可能性 (availability)	ある出来事の頻度や確率を，その出来事をイメージしやすいかどうか（利用可能性）で判断する。 例：地震報道などで地震のことをイメージしやすくなると地震の頻度や被害がより大きく評価され，そうでない場合には小さく評価される。
代表性 (representativeness)	ある対象間の関係の強さを，その典型的イメージとの類似性（代表性）をもとに判断する。 例：巻き込まれれば確実に死亡するが巻き込まれる可能性があるのは1,000万人に1人という災害と，巻き込まれた際の死亡率は100万人に1人だが10人に1人が経験する災害とでは，前者のほうが死に至るイメージが強くもたれ，不安に感じられやすい。
係留・調整 (anchoring and adjustment)	ある出来事について評価する際，最初の情報を判断の基準にし（係留），そこから判断を調整していく。 例：事故や災害の被害者数などを推定する際，最初に「100人より多い」と伝えられた場合と「100万人より少ない」と伝えられた場合とでは，前者のほうが被害者数は少なく見積もられやすい。

表8.2 災害リスクの認知における主な認知バイアス

認知バイアス	特徴
楽観バイアス (optimism bias)	自分は災害に巻き込まれない，あるいは災害に巻き込まれたとしても自分は大丈夫だというように，根拠なく自分についての危険性を低く見積もる傾向。
正常化バイアス (normalcy bias)	避難警報が出されているのを知っていながらまだ大丈夫だと考え，実際に危険が目前に迫るまで避難しようとしないなど，異常を知らせるような情報があったとしても，それを大したことでないとみなしてしまう傾向。

8.3.2 リスク認知の影響要素

スロヴィック（Slovic, P.）は，事故や災害のリスク認知に影響する要素として，その出来事の未知性（unknown risk）と恐ろしさ（dread risk）をあげています（図 8.2）。未知性とは，その出来事に対して馴染みがなく，理解が容易でない特徴を指し，恐ろしさとは，その出来事に対する統制感が低く，理屈抜きに恐怖が感じられるような特徴を指します。これらの要素が強くなるほど，その出来事のリスクは高く感じられる傾向があります。

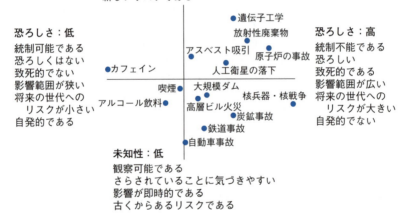

図 8.2　さまざまなリスクに対するアメリカ人学生の認知
（Slovic, 1987 をもとに作成）

図には主に技術的災害に関するものと，比較のためにカフェインやアルコール飲料など，一般的な対象について示した。

8.4 災害への備え

　地震や火山噴火など，災害事象の発生そのものを止めることはまずできません。災害に対しては，万一それらが発生した場合にその被害を最小限にとどめるための対策が重要となります。しかし，すでにみてきたように，人々の災害リスクに対する認知にはさまざまな歪みが含まれており，そうした認識の歪みが原因で災害のリスクを過小視し，対策を怠ったり誤ったりする可能性も十分に考えられます。

　また，災害対策の必要性については認識していながらも，そのための対策をとっていないという人々もいます。火山噴火や大地震などの自然災害では，その発生が数カ月先なのか，それとも数十年先なのかはわかりません。そうした災害による被害は，一人の人が何度も経験するようなものではなく，一生のうちに一度も遭遇しないという可能性すらあります。にもかかわらず，災害のための対策にはそれなりの費用や労力が必要になる場合が多いため，災害への備えや対策はついつい後回しにされてしまいがちです。

　このような災害対策における**意図**と実際の**行動**とのずれについては，これまでもさまざまな説明が試みられています。たとえばペイトン（Paton, 2003）は，これまでのさまざまな研究結果を総合し，図8.3のようなモデルを用いて災害リスクの認知や対策の意図と自然災害に向けた実際の対策行動との関係を説明しています。ここでは，このモデルに沿って災害対策が実行に移されるまでの過程についてみてみることにしましょう。

8.4.1　災害対策への動機づけ

　このモデルによると，まず災害対策の意図が形成されるためにはその先行要因として災害に対する危機意識の強さやリスク認知，災害に対する不安感が必要です。ただし，これらの要素は強すぎてもよくありません。過度の恐怖や不安は，災害の可能性を否定して不安感を解消しようとするような不適切な反応につながる可能性があるからです。この段階では，**災害教育**などを

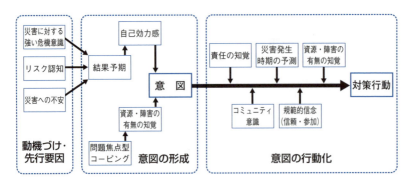

図 8.3 災害に対する危機意識から対策行動にいたるまでの社会・認知的モデル
（Paton, 2003 をもとに作成）

通じて適切な情報を提供することが重要です。

8.4.2 意図の形成

　対策行動を動機づけるさまざまな要因は，災害対策をとろうとする意図の形成に直接的に影響するのではなく，**結果予期**（outcome expectancy）や**自己効力感**（self efficacy）を通じて影響すると考えられます。**結果予期**とは，対策をとれば災害の被害を防いだり軽減したりできるという考えの強さです。対策をしたところでどうせ役に立たないと考えている人は災害の対策をとろうとは考えないでしょう。また，**自己効力感**は，災害に対する備えや対策をしたりすることが自分たちに可能だと感じる程度です。

　意図の形成にはまた，問題に対するコーピング方略（第 4 章参照）も関係します。**図 8.3** の**問題焦点型コーピング**とは，不安や恐怖を感じさせる原因に対し，現実的な方法でそれらを解決しようとすることです。しかしこうした解決方法にはたくさんの費用や人手，手間を必要とするものもあるでしょう。また，地震対策として家具を壁に固定したくても，住居の賃貸契約上，壁や天井に金具を設置することができないというような障害が存在する場合もあります。災害対策の意図が形成されるためには，そのような問題がないか，あるいは十分に小さい必要があります。

8.4.3 意図の行動化

対策が必要だという意図が形成されてもそれがすぐさま実行に移されるわけではありません。行動意図が実際に行動に移されるためにはさらにさまざまな要因が関係しています。ペイトンのモデルでは，**責任の知覚，災害発生時期の予測，資源・障害の有無の知覚，コミュニティ意識，規範的信念**の5つが主な要素としてあげられています。

責任の知覚とは，災害対策をとる責任が誰にあるのかについての認識です。災害対策は行政がすべきものだという認識の人は，自分自身で災害のための対策をとろうとはしないでしょう。また，**災害発生時期の予測**とは，災害発生がどれくらい近くに迫っていると感じているかを指します。災害の発生時期が近いと考える人はできるだけ速やかに対策を実行しようとするでしょう。しかし，災害が発生するのは今から数十年先だと考えている場合には災害対策が先送りされる可能性が高まります。

第5章で取り上げた**コミュニティ意識**の強さも災害対策における重要な要素とされています。自然災害の多くは地域コミュニティに大きな被害を及ぼすため，そのコミュニティが自分にとって大切なものだと感じられるほど，災害に対する対策がとられやすくなると考えられます。その逆に，コミュニティに対して強い愛着がなく，災害が起きたらどこか別の場所に引っ越せばよいというような考えの人では災害対策はとられにくくなります。

コミュニティ意識の強さだけでなく，そのコミュニティにおいて自分がそれをすべきと見なされているかどうかについての認識（**規範的信念**）も，災害対策の実行に影響することが指摘されています。その中でもとくに，提供される災害情報や災害対策にあたる機関（行政など）に対する信頼，対策活動への参加についての規範が大きな影響をもっていると考えられています。

8.5 支援と復興

大勢の人々が被害に遭う大規模な災害では，援助のための人員や資源が不

足し，十分な援助が行われないことがあります。しかし，だからといって人々が現地にたくさんの支援物資を寄付することが有効な被災地支援になるかというと必ずしもそうではありません。じつは，そうした支援物資がかえって被災地に混乱を生じさせてしまう場合もあるのです。

　たとえば，災害の直後には物流網が麻痺し，支援物資を現地に届けること自体が困難である場合があります。また，さまざまな人々からさまざまな支援物資が一斉に送られてくることによって，その仕分け作業に多大な人手や労力が必要になることもあります。さらに，災害の直後と災害から数日経った後では必要とされるものが異なる場合も多く，その時点で必要とされていない物資が大量に届き，被災地側がその扱いに苦慮するといった事態も発生します。このような，適切でない援助が大量に押し寄せることによる混乱状態は，第2の災害と表現されることすらあります。

　ジェイコブら（Jacob et al., 2008）は，ハリケーン・カトリーナのケースを対象に，災害支援にまつわるこうした代表的誤解（表8.3）について検討しています。その中で彼らは，被災者たちにとっては物理的な安全よりも家族や住み慣れた家，親しい人々と引き離されることのほうが大きな問題になりやすいことを指摘しています。

　たとえば，家族や愛着のある家から離れたくないために，被害に遭っても避難所に移動しない人々がいます。また，避難せざるを得なくなった場合には，避難所ではなく親戚の家など親しい人々のいるところへの避難が強く好まれ，避難所での生活を余儀なくされた場合には家族単位で行動しようとする傾向が強くみられます。また，たとえそれが人命保護のためであったとしても，家族や住み慣れた場所から避難させられた人々の間では，行政などへの敵意や不信感が高まる場合もあります。

　このように，災害への備えだけでなく，災害被害や復興支援においても，より正確な情報に基づき本当に必要とされているものをしっかり見極めることが重要です。

表 8.3 災害にまつわる代表的な誤解と現実 (Jacob et al., 2008 をもとに作成)

誤　解	現　実
幅広い分野の医療ボランティアが必要である。	救急救命の大部分は地元の人員でまかなえる。そうでない場合でも、そこで必要とされるのは、そこに不足した技能をもつ医療関係者である。
あらゆる援助がすぐさま必要である。	適切な判断に基づかない性急な援助は混乱を招くだけであり、本当に必要な援助を見極めなくてはならない。実際、必要なものの大部分は、外部からの支援によってではなく、被災者自身や地域自治体、地域組織によってまかなわれる。
災害時には、略奪や暴動など、人間の悪い部分が表面化する。	ごく一部に反社会的行動がみられ、それがメディアで大きく取り上げられたりするが、ほとんどの場合、人々の団結力が強まったり、他者を助けようとする行動がみられたりする。
災害時には被災者を一時避難所に避難させるのが最善の策である。	これはもっとも好ましくない方法である。テントよりも、住宅の再建に費用を充てるほうがよい。
被災後数週間もすれば通常通りに生活できるようになる。	災害では多くの資源が失われ、その影響は長期的である。そして被災者の抱えるニーズや不足の問題は、災害に対する人々の関心が薄れた頃に、より差し迫ったものになる。

8.6 まとめ

　自然災害の人々への影響は凄まじいものです。最悪の場合命が失われますし、家族や友人、あるいは故郷を失うということもあり得ます。また、自然災害だけでなく、工場や発電所の事故などによる技術的な災害も、自然災害と同様に人々の生命や生活に脅威をもたらします。

　災害リスクの認知にはさまざまな要因による歪みが存在し、それらが災害時に適切な行動をとることを妨げたり、災害への備えを怠らせたりします。また、誤った情報に基づく災害支援は、被災者たちに負担や苦痛を与えてしまう可能性もあります。防災から復興支援まで、災害に対しては正確な情報に基づく適切な行動が求められます。

台風や津波などさまざまな災害において，避難警報が出ているにもかかわらず「大丈夫」と判断して避難せず，それによって被害が深刻化してしまった例は数多くあります。こうした事態を少しでも減らすための対策として，どのようなものが考えられるでしょうか。

memo

Q8.2

災害被害を最小限にとどめるためには，災害リスクについての正しい認識がとても重要ですが，多くの場合，専門家が指摘する災害リスクと一般の人々の認識の間には大きなずれが生じます。それはなぜでしょうか。どうすればそのずれを埋めることができるでしょうか。

memo

Q 8.3

被災者たちが抱えるストレスの原因には，災害事象による直接的な影響以外に，災害を受けていない人々（外部社会）から受ける影響もあることが複数の研究で指摘されています。この「外部社会による影響」とはどのようなものでしょうか。考えてみましょう。

memo

A8.1

　避難警報が出ているにもかかわらず「大丈夫」と判断してしまうことの主な原因は，本文中にも取り上げた**正常化バイアス**です。そして，この正常化バイアスに影響を与えるものとして**集団同調性バイアス**（conformity bias）があります。これは，自分自身の行動や意見の適切さを周囲の人々を基準に考えてしまうことをいいます。みんなが避難していないからまだ避難しなくて大丈夫だろうという考えは，避難の必要性を周囲の人々の行動を基準に判断していることになります。

　こうした同調性バイアスによって避難が遅れてしまうのを避けるにはどうすればよいでしょうか。この問題に対し，片田（2012）は「率先避難者」の重要性をあげています。率先避難者とは，危険の兆候を感じとった際に自ら率先して避難行動をとる人のことです。こうした行動は，自分の身の安全を確保するだけでなく，周囲の人々の避難行動を促すこともつながります。実際，東日本大震災時に大規模な津波に襲われた岩手県釜石市では，防災教育の中でこの考えが徹底されていた小中学生が率先して避難を始めたおかげで，多くの人々の命が救われたといわれています。

　また，人々が避難警報をやり過ごしてしまう理由のもう一つに，**誤報効果**（false alarm effect）や狼少年効果とよばれるものがあります。日常でも，火災報知器が誤作動して火事でもないのに警報が鳴るようなことがありますが，災害に関する警報も百発百中というわけにはいきません。避難警報が出たけれども避難するほどではなかったという経験が繰り返されると，この前も大したことがなかったから今回も大したことはないだろうというように考えてしまい，それが原因で逃げ遅れてしまいます。

　こうした誤報効果による影響を最小限にするために，木村（2015）は「この状況では必ずこれをする」というような状況‒行動ルールの重要性をあげています。たとえば，「警報が鳴ったら，どんな場合でも必ず現場を

確認する」というルールを決め，それを守ることによって初動が遅れることを防ぐのです。自らにルールを課してそれを必ず守るようにするというのはなかなか困難なことですが，木村（2015）はそのために誓約書へのサインや周囲への宣言などによって自分の中でルール実行に対する意識を高める方法を紹介しています。

A8.2

　専門家と一般人の違いが生じる原因としてまず最初にあげられるのは，専門知識の量や質の違いです。専門家は当然のことながら対象となる問題についての専門的知識を多くもっており，それらの知識に基づいて危険な状態がどの程度の確率で生じ得るのか，万一そのような状況になった場合にどのような影響があるのか，その影響がどの程度深刻であるのかをある程度客観的に判断することができます。

　しかし，一般の人々は災害の確率や被害の大きさを考える際に明確な基準となるような専門的な知識はもっていません。その代わりに，そうした災害からイメージされる恐ろしさなど，専門家とは違った視点から判断を行っている場合が多くみられます。

　また，専門家の間では「10万人に1人の割合」というような視点で確率を語ることが多いですが，一般の人々にとってとくに関心があるのは「自分や自分にとって大事な人が被害に遭うかどうか」です。普段から確率論的に考えたり判断したりすることに慣れている専門家とそうでない一般の人々とでは，「確率」のとらえ方自体が異なっている可能性もあります。

　災害や事故のリスクについて説明する際，専門家は自分たちが主に判断基準として用いている客観的事実やそれらに基づく確率を強調しがちですが，一般の人々はそうした側面だけで判断しているわけではないため，そのままでは専門家の意図は一般の人々にはうまく伝わりません。ただうま

く伝わらないだけでなく，間違った形で伝わってしまい，混乱が生じてしまうこともあり得ます。

　個人や集団，あるいは組織や機関などの間でリスクに関する情報をやりとりすることは**リスク・コミュニケーション**（risk communication）とよばれ，心理学でも盛んに研究がなされています。リスク・コミュニケーションにおいては，情報をやりとりする者同士の信頼関係が非常に重要です。たとえば専門家や行政などに対する信頼感が低い場合には，都合の悪いことを隠しているのではないか，嘘を言っているのではないかといった反応が人々の間に生じてしまうからです

　こうした不信感を生まないためにも，リスク情報の伝達においては，専門家や機関などが自分たちの視点で一方的にリスク情報を発信するのではなく，情報の受け手である一般の人々がどのようなことに不安を感じているのか，あるいはどのような情報を求めているのかをよく理解したうえで，相手にとって理解しやすい形でメッセージを伝えていく必要があります。

A8.3

　田中（2011）は，被災者支援におけるさまざまな問題について社会心理学的視点から取り上げています。その中で，外部社会が被災者たちに期待する**被災者役割**が被災者たちを苦しめる要因の一つとしてあげられています。被災者役割とは，外部の人々や救助する側が被災者に対してもつ，「彼らは被害を受けたかわいそうな人々で，救援を待つだけの無力な人たちである」というような決まりきった見方のことをいいます。外部の人々がこうした見方を強くもっているとき，被災した側の人々は，「依存的な弱々しい人々」という期待通りに振る舞うことを強いられてしまいます。

　その結果，被災者たちのストレスは強められ，自助努力や生活意欲が低下することで，災害からの復興が遅れることにもつながります。実際，2016年4月に熊本で起きた震災でも，自分たちの「期待する被災者像」

と違うことから，一部の人々から被災者に対して「わがままだ」や「傲慢だ」といった批判が生じたりしています。かと思えば，災害からある程度の期間が過ぎた被災者たちに対しては，「もう立ち直っていて当然の頃だ」という期待がなされるようになり，実際にはまだまだ苦しい状況におかれている人々をそうした期待が苦しめることになります。

　また，田中（2011）では，支援する側の支援したいという欲求と支援される側のニーズにずれがある場合についても指摘されています。たとえば，阪神・淡路大震災時の様子について，田中（2011）は次のように述べています。

> 　例えば，筆者がボランティアとして活動していた阪神・淡路大震災での仮設住宅には，週末ごとに，被災者に元気を届けるために「歌を歌いたい」「生け花を飾りたい」「自分の特技を披露したい」という善意の申し出があった。しかし，被災者たちのニーズは，「休日は，そっとしておいてほしい」，あるいは，「（自宅再建のための）法律の相談であれば毎日でも来てほしい」などというものであった。(p.84)

　たとえそれらの支援が自分たちの必要としていないものであったとしても，被災者役割の期待や支援を受けていることに対する心理的な負い目などから，善意でなされている行為を拒否することは支援される側にとって非常に難しいものです。物質面での支援においても心理的な支援においても，被災者のニーズを適切にとらえたものでなければ，かえって被災者の負担を増してしまうことがあるという点には注意する必要があります。

参考図書

中谷内一也(編)(2012).リスクの社会心理学——人間の理解と信頼の構築に向けて—— 有斐閣

　少し専門的な内容ですが,リスク認知やリスクの評価,リスク・コミュニケーションの問題など,リスクにまつわるトピックがさまざまな観点から解説されています。

木村玲欧(2015).災害・防災の心理学——教訓を未来につなぐ防災教育の最前線—— 北樹出版

　災害発生時の人々の反応から被災後の長期的な復興,そして防災のための考え方や防災教育などの幅広い内容について,近年の震災での事例とともに解説されています。

第9章 環境のデザイン

ここまでは，すでにある環境と人間の行動や心理との関係についてみてきました。では，建物を作ったり街を作ったりというように，新しく環境をデザインする場合にこうした関係を生かすことはできないでしょうか。本章では，そうした環境のデザインにおけるさまざまな考え方についてみていくこととします

9.1 空間のデザイン

9.1.1 アフォーダンスと環境デザイン

　第2章で取り上げたアフォーダンスは環境のデザインにおいてもしばしば用いられる概念です。私たちは水の上を歩くことはできませんし，高さが3 m ある塀を飛び越えるようなこともできません。水面は人間が歩くことをアフォードしていませんし，3 m の高さの塀は飛び越えることをアフォードしていないからです。これらはごく当たり前に知覚できることかもしれません。しかし中には，環境がもつアフォーダンスをうまく知覚できないような状況も存在します。たとえば，初めて訪れた建物でドアを押すか引くか迷ったことはないでしょうか（図9.1）。

　認知心理学者のノーマン（Norman, D. A.）は，デザインを工夫して環境あるいはモノがもつ特定の特徴を目立たせることで機能や操作方法がわかりやすくなり，こうした混乱を防ぐことができると考えました。たとえば，押しボタンの形状をしたスイッチは「押すことができる」というアフォーダンスの知覚が容易なデザインであるといえます。ノーマンは，このような特定の機能を目立たせるようなデザイン的特徴をシグニファイア（signifier）とよんでいます。

190　第 9 章　環境のデザイン

図 9.1　機能や操作方法がわかりにくいデザインの例
左の写真のドアは，一見すると押すか引くかして開けるもののように見えるが，実際には左右にスライドさせて開けるドアである。そのため，利用者が間違ってドアを押したり引いたりしないように，ドアの引き手の部分に「ひき戸」というシールが貼られている（右の写真）。

9.1.2　ソシオフーガルとソシオペタル

　パーソナルスペースの研究（第 3 章 3.1 参照）においても，環境のデザインに役立つと思われるものがいくつかあります。たとえば，ソマーとロスの研究（Sommer & Ross, 1958）では，入院病棟の談話室の椅子の配置を変化させただけで，利用者の交流の程度が 2 倍に増加したことが報告されています。こうした座席配置は，ソシオペタル（sociopetal）配置（または社会的求心配置）とよばれるものとソシオフーガル（sociofugal）配置（または社会的遠心配置）とよばれるものに大別されます（図 9.2）。

図 9.2　ソシオペタルな配置（左）とソシオフーガルな配置（右）

9.1 空間のデザイン

ソシオペタル配置とは，円形テーブルを取り囲む座席のように，座っている人々の視線が交差しやすく，互いのコミュニケーションが促進されやすい座席配置です（図9.2の左）。食卓やカフェなど団欒や会話を楽しむような場面では，こうした座席配置が多く用いられます。

これとは対照的に，ソシオフーガル配置は座席に座っている人々の視線が交差しにくい座席配置です（図9.2の右）。コミュニケーションを行ううえでは適さない配置ですが，たとえば駅や診療所の待合室のようにお互いに見ず知らずの人々が特定の目的のために同じ場所にいるような場面では，このような座席配置のほうが好まれます。

場所によっては，この2種類の座席配置が両方用いられているところもあります。たとえば，カフェやバーなどの飲食店がそうです。カフェやバーはカウンター席とテーブル席が両方設けられていることが多いですが，カウンター席はソシオフーガルで，テーブル席はソシオペタルな座席配置といえます。このような環境では，一人でちょっと時間つぶしをしたいというようなときにはソシオフーガルなカウンター席を利用し，友人たちとおしゃべりをしながら時間を過ごしたいときにはソシオペタルなテーブル席を利用するというように，目的とする過ごし方に合わせて座席を選択することができます。

9.1.3 パターン・ランゲージ

建築家のアレグザンダー（Alexander, C.）は，長い年月をかけて自然に形作られてきた歴史的な街や歴史的な建造物には人々に感動を与えるような美しさや人々を生き生きさせるような機能があることに注目し，そうした街や建造物には言葉では言い表せない「無名の質」（quality without a name）があると考えました。そして，そうした無名の質を現代の建築や都市において実現するためのツールとしてパターン・ランゲージ（pattern language）を作成しました。

パターン・ランゲージとは，人々が快適で好ましいと感じるような環境の中に多くみられる特徴的なパターンを抽出したものです。パターン・ランゲ

ージのパターンには，地域や町など規模の大きなものから建物や部屋のような規模の小さなものまであり，たくさんの小さなパターンが互いに関連し合いながら，より大きな規模のパターンを構成する形になっています。

アレグザンダーの考えでは，パターン・ランゲージにも通常の言語（ランゲージ）と同じように単語があり，それらをまとめる文法ルールのようなものがあります。たとえば，「小さな陽だまり」や「窓のある場所」といったそれぞれのパターンが単語に相当し，こうしたパターンが他のどのパターンと関連し，どのような特徴をもち，また快適な環境を作り出すためにこれらのパターンをどのように用いるべきなのかといったことが文法ルールに相当します（**表 9.1**）。

表 9.1　パターン・ランゲージの例
（Alexander et al., 1977 をもとに作成）

パターン	窓のある場所
文脈（関連）	このパターンは，**玄関室**，**禅窓**，**どの部屋も 2 面採光**，**街路に向かう窓**などに示した，窓の配置の関係に役立つ．
特　　徴	窓辺の腰掛け，出窓，敷居の低い大きな窓のそばの座り心地の良い椅子などは万人に好まれる．
解 決 法	1 日のうち少しでもとどまる部屋では，少なくとも 1 つの窓辺を**窓のある場所**に仕立てること．

表中では「パターン」を**太字**で記した．

実際にパターン・ランゲージを住宅に応用したものとしては，アレグザンダーの設計によるペルーの低コスト住宅があります。この住宅をデザインするにあたって，アレグザンダーは**「親密さの勾配」**というパターンを応用し，文化的な習慣や居住者からの聞きとり内容を注意深く考慮したうえで，家の奥に入るにつれてよりプライベートな空間となるように部屋を配置しました（**図 9.3**）。パターン・ランゲージを街のデザインに応用した例としては，埼玉県川越市の一番街商店街などがあります（**図 9.4**）。

9.2 バリア・フリーとユニバーサル・デザイン

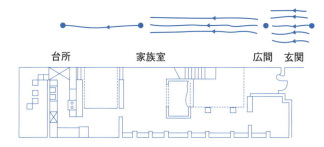

図 9.3 プライバシーの勾配を考慮したペルーの低コスト住宅のデザイン
（日本建築学会（編），1998）
波線の矢印は，外部からのアクセスのしやすさを示す。

図 9.4 川越一番街商店街の風景
アレグザンダーのパターン・ランゲージを応用し，街づくりのための指針が設定されている。

また，カプランら（Kaplan et al., 1998）は，自然環境による心理的回復理論（第 4 章 4.2 参照）にパターン・ランゲージを適用し，公園や広場などの緑地デザインのためのパターンを作成しています。

9.2 バリア・フリーとユニバーサル・デザイン

近年では，駅や商業施設などさまざまなところで身体的なハンディキャッ

プをもった人々に配慮したデザインが取り入れられるようになってきました。ここでは，**バリア・フリー**や**ユニバーサル・デザイン**などとよばれるそうしたデザインについてみてみることにします。

9.2.1　環境圧力と環境適応能力

　アフォーダンスの考えにもあるように，私たちは地面の上を歩いて移動することはできても，深い海の底や空の上を特別な乗り物や器具を使わずに移動することはできません。このように，環境の中には私たちの行動を可能にしてくれたり，あるいはその逆に行動を不可能にしたりする特徴が含まれています。ただ，そうした環境がもつ特徴は，ある行動を単純に「できる／できない」と二分するものではありません。まったく不可能だという状態から，不可能ではないが難しい，なんとか可能である，可能である，というように，その行動ができるかどうかには中間的な段階が存在します。

　高層ビルの非常階段を考えてみましょう。階段という構造は，人が高さの異なる場所の間を登ったり降りたりして移動することをアフォードしています。数段しかない階段であれば，ほとんどの人は苦労せずその階段を使って移動することができるでしょう。しかし1階と20階の間を階段で移動する場合はどうでしょうか。階段そのもののもつ物理的特徴は移動することをアフォードしていますし，確かに移動は可能なのですが，苦労せずに移動するというのは難しいのではないでしょうか。途中で何度も休憩を挟みながら，やっとのことで目的の階にたどり着くことができるというのが実際でしょう。移動はできてもかなりの労力を強いられることになります。

　高齢者を対象とした環境の研究を行っていたロートン（Lawton, M. P.）は，このように環境の特徴によって行動が困難になる度合いを**環境圧力**（environmental press）とよびました。急な坂道を何分も登っていかないとたどり着けないような高台にある場所などは，環境圧力の高い環境です。

　また，先ほどの非常階段の例でいえば，若くて体力があり，かつ普段から運動で足腰を鍛えているような人であれば，それほど苦労せずに20階から

1階までを階段で移動できるかもしれません。しかし，小さな子供や足腰の衰えてきた高齢者などにはとても無理なことでしょう。また，暗証番号を入力して鍵を開けるタイプのドアなどは，記憶力の未発達な小さな子供や，認知症などによって記憶力の低下した高齢者にとっては開けることが困難です。

このように，環境の特徴は同じであっても，その人のもっている身体的能力や心理的能力によっては目的とする行動が困難になることがあります。つまり，環境に働きかける際に使用できる心身の資源（能力）には個人差があるのです。このような，個人が環境に働きかける際に使用できる心身資源は**環境能力**（environmental competence）とよばれます。

ロートンの考えによれば，人にとって好ましい環境の状態は環境圧力と環境能力が釣り合った状態です（図 9.5）。個人の能力に比べて環境圧力が高すぎればうまく行動することができませんし，その逆に個人の能力に比べて環境圧力が低すぎる場合には退屈感が生じたり自尊心が低下したりといった結果につながります。近くのコンビニに行くのにも車で移動するといった生活を続けていると，日常の中で歩くことが少なくなり足腰が弱くなりやすい

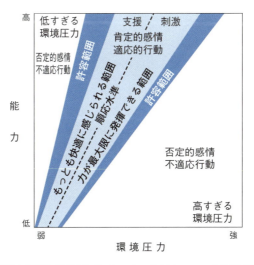

図 9.5　**環境圧力と能力のバランス**（Lawton & Nahemow, 1973 をもとに作成）

ですが，環境圧力が低すぎる場合には，そのように元々もっている能力の衰えが早められてしまう場合があります。

9.2.2 バリア・フリー

バリア・フリー（barrier free）とは，バリア（障壁）がフリーな（存在しない）状態を意味する用語です。車椅子や松葉杖を使って移動する人にとって，歩道と車道の間の段差や階段は移動のためのバリアとなります。そこでできるだけこうしたバリアを取り除くことにより，環境が特定の人々にとって不利にならないようにしようとするのがバリア・フリーの考え方です。バリア・フリー対策としてよく用いられるものに，階段の横にスロープをつけたり，車椅子用のリフトを取りつけたりするものがあります。

9.2.3 ユニバーサル・デザイン

バリア・フリーが主に既存の環境に工夫をしてバリアを取り除こうとする考え方であるのに対し，最初からすべての人々にとって使いやすいようにデザインしようという考え方をユニバーサル・デザイン（universal design）とよびます。メイス（Mace, R.）の提唱したユニバーサル・デザインの7原則をまとめたものが表9.2です。

ユニバーサル・デザインのユニバーサルとは，普遍的であらゆる用途に適しているという意味です。つまり，小さな子供や高齢者など特定の人々を対象としてデザインするのではなく，健常者，障害者，高齢者，子供，男女，右利き左利き，国籍などに関係なく，誰にでも公平に使えるようなデザインを目標とするのです。新しく駅やバス停を作る際に最初から段差がないようにデザインしたり，エレベーターの操作ボタンを設置する際に，小さな子供や車椅子の人でも手が届き，かつ立って利用する大人がかがまずに押せるような少し低めの位置になるようにしたりするのが，ユニバーサル・デザインの考え方といえるでしょう。

表 9.2　ユニバーサル・デザインの 7 原則とその例

原　則	例
公平性	車椅子や松葉杖の人でも，また荷物で両手がふさがっていても通りやすい自動ドアなど。
自由度	左利きでも右利きでも，どちらでも使いやすいハサミなど。
単純性	見ただけで直感的に使い方が分かるデザインなど。
わかりやすさ	重要な情報を文字，絵記号，音声といった複数の方法で提示するなど。
安全性	動作中はフタを開けられなくするロック機構や駅ホームの二重ドアなど。
労力の少なさ	楽な姿勢で操作できる位置に取りつけられた操作ボタンなど。
空間確保	十分な空間が確保されており，車椅子やベビーカーを押した子供連れ，大きな荷物を持った人でも利用しやすい「多目的トイレ」など。

9.3　環境デザインとさまざまなギャップ

　ずっと以前ならいざ知らず，現代で自分が住む家を一から自分の手で作るという人はほとんどいないでしょう。オフィスビルのようなものになるととても個人が一人で作れるようなものではなく，設計から建設まで専門家の力が必要になります。しかし，たとえば住宅を建てる際に自分にはわからないからといって専門家にお任せにしていると，自分が希望していたものとは随分異なったものが出来上がってしまうこともあり得ます。このような**ギャップ**（意識や認識のずれ）はなぜ生じるのでしょうか。ここでは，環境のデザインに関連したギャップについてみてみることにします。

9.3.1　専門家と一般人の評価のギャップ

　多くの研究で，専門家と一般の人々とでは，建物などの評価の仕方や基準が異なることが示されています。たとえば，一般の人々が好む建物のデザインと専門家の好むデザインは異なっている場合があるのです。こうした違いの基礎にあるのは知識の違いです。専門家たちは，専門家になる過程で専門的な教育を受け，さまざまな知識にふれてきています。そうした知識経験が

デザインについての判断基準を変化させてしまうのです。

　実際，こうした現象は建築や景観の評価だけに限ったことではありません。絵画や音楽などの芸術作品を例に考えてみましょう。絵画やクラシック音楽などの好みを調べてみたとき，一般の人々では素朴な人物画や風景画が好まれたり，モーツァルトやベートーベンの曲が好まれたりすることが多いでしょう。しかし，専門家やマニアなど，いわゆる目や耳の肥えた人々の間では一体何が書いてあるのかよくわからない抽象画が絶賛されたり，まるででたらめに音を鳴らしているかのような現代音楽が高い評価を得ていたりします。これは，素人と専門家やマニアでは絵画や音楽に対する知識や経験が異なり，評価の基準が異なっているからです。

9.3.2　利用者ニーズとのギャップ

　学校やオフィスビル，市民公園など，大勢の人々が利用する建物や施設では事態はさらにややこしくなります。このような施設では，ほとんどの場合，施設のデザインを発注する人々とその施設を設計して作る人々，そして完成した施設を実際に利用する人々がそれぞれ異なっているからです。しかも，実際の利用者と設計者や発注者の間で十分なコミュニケーションが行われることはほとんどありません（図9.6）。

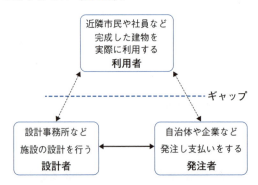

図9.6　設計者や発注者と利用者との間のギャップ（Zeisel, 1984をもとに作成）
大規模な施設のデザインでは，発注者や設計者と実際の利用者との間でのコミュニケーションが不十分になりやすい。

このような場合，発注する立場にある人々は日常的にその環境を利用しているわけではなく，実際の利用において何が必要とされているのかについての理解が十分でないまま設計を発注することになります。その結果，出来上がった施設は実際の利用者のニーズが十分に満たされない，使い勝手の悪いものになってしまいます。

9.3.3　応用性ギャップ

環境デザインに関連するもう一つのギャップに**応用性ギャップ**（applicability gap）とよばれるものがあります。応用性ギャップとは，環境心理学者など快適な環境について研究する研究者と，そうした研究結果を実際の環境デザインに取り入れようとするデザイナーとの間に生じるコミュニケーションのずれのことです。応用性ギャップでは，それまでの研究によって明らかにされてきたさまざまな要因が実際のデザインに反映されない，あるいは誤って用いられてしまうといった事態が発生します。

研究者が使用する専門用語や統計的な説明は，デザインを行う専門家にとって必ずしも理解しやすいものではありません。また，研究者の取り扱う概念が抽象的すぎて実際のデザインに反映させるのが困難な場合もあり得ます。たとえば，場所に基づく犯罪予防（第 7 章 7.2 参照）の考え方でも，とくに初期においては使用される概念が抽象的すぎ，それらを実践に移す際に概念の「翻訳」が必要であったことなどが指摘されています（雨宮・樋野，2007）。このように，たとえ専門家同士であっても，研究者と実務家のようにそれぞれの専門とする領域が異なればギャップの生じる可能性が高くなります。

9.3.4　ギャップの解消

こうしたさまざまなギャップを解消するための基本的な方法は，専門家と一般の人々，設計者と利用者，実務家と研究者の間でコミュニケーションを十分にとることです。たとえばカプランら（Kaplan et al., 1998）は，デザイ

ンの過程に利用者を取り込むことの有効性を示しています。

　ただし，ただ単にデザインの過程に利用者を参加させればよいわけではなく，その参加が有効に作用するかどうかにはいくつかの条件があります。カプランらは，デザイン過程への市民参加を効果的なものにするための要素として以下の項目をあげています。

1. できる限りデザインの初期の段階から多様な人々を参加させること。重要な部分の決定がすでになされた状況で参加を求めても反感を生むだけである。
2. 1つの案についてのみ意見を求めるのではなく，いくつかの具体的な選択肢を提示すること。
3. シミュレーションや模型などを用いて分かりやすい形でさまざまな可能性を示すこと。
4. シミュレーションや模型は精密すぎないようにすること。緻密すぎる模型は，すでに重要な部分の決定がなされているかのような印象を与えてしまうし，実物と模型の間の微細な差異が目につきやすくなり，本質的な部分に意識が向きにくくなる。

9.4 まとめ

　建物や空間など，環境のデザインには見た目の良さなども必要ですが，それらが人々の活動のためにある以上，そこを利用する人々のことを十分に考慮する必要があります。住宅や人々の集まる空間では，プライバシーなどの心理学的な側面を考慮したデザインが重要になります。

　環境が人々の活動を妨げるものであっては困りますが，過保護な環境も問題です。すべての人々にとって最適な環境をデザインすることは難しいですが，近年ではバリア・フリーやユニバーサル・デザインなど，より多くの人々が快適に利用できるような環境づくりが注目を集めています。

Q9.1

最近，いくつかの大学では学生食堂に通称「ぼっち席」などとよばれる1人用の座席を増やす取組みが行われています。それらの席では6人がけテーブルなどの中央に目隠しとなる仕切りをしたものが多いようですが，この座席配置をソシオフーガルかソシオペタルかに分類するとしたらどちらになるでしょうか。また，こうした座席配置にすることで学生たちの食堂利用行動にどのような変化が生じると考えられるでしょうか。

memo

> 海外から日本を訪れる観光客の数は年々増えています。とくに観光地では，国内外からのさまざまな観光客にとって快適な環境づくりの必要性がますます高まるでしょう。そうした取組みの一つとして，街中の案内標識などのユニバーサル・デザイン化があります。では，案内標識をユニバーサル・デザインにするうえで，どのようなことに気をつけるべきでしょうか。

memo

本文中では，主に物理的な環境のデザインについて取り上げました。では，社会的な環境をデザインすることは可能でしょうか。たとえば，地域社会をデザインするということはできるでしょうか。

memo

9.1

図 9.7 にみられるように椅子の配置そのものはお互いに向き合うものとなっている場合でも，目隠しにより視線が交差しないようになっていれば，ソシオフーガルな配置と考えるのがよいでしょう。この場合反対側に見知らぬ他者がいてもその視線を感じにくいので，1人で利用する際の心理的抵抗はかなり低減するはずです。これは，テーブル席に目隠しをつけることで簡易的にカウンター席を増やしているというふうに考えることができます。

図 9.7 「ぼっち席」などとよばれる，目隠し用の仕切りが設置されたテーブル

こうした座席では集団での利用は難しいため，1人あるいは2人程度の少数での利用になります。もともと，こうした座席を導入するきっかけとして，学生サークルなどによる集団での座席占有への対応もあったとされています。見ず知らず同士が相席している状態のテーブルに比べ，集団が占有している場合には滞在時間も長くなる傾向があります。また，そのテーブル全体がその集団のテリトリーとして認識されやすくなるため，たとえ間に1つ2つ席が空いていても，集団メンバー以外の者にとっては，非常に利用しづらい状況ができあがります。

これに対し，1人や2人での利用の場合には集団利用の場合よりも滞在時間は短くなりやすく，また空いている席を利用しにくく感じさせる要因もありませんので，全体として食堂利用者の回転が早まり，より多くの学生が食堂を利用できるようになることが考えられます。

一部には批判もあるようですが，今のところこうした座席は学生たちから好評のようです。カフェやバーなど一部の飲食店ではテーブル席とカウンター席の両方が用意されており，状況に応じて使い分けることができます。1人で利用しやすい環境を望む学生が多い中で，カウンター席やそれに準じた席を増やして対応することは理にかなったものといえるでしょう。

A9.2

国内を含めさまざまな国から観光客にとってわかりやすい案内標識を作ろうとする取組みの一つに，**ピクトグラム**（pictogram）の使用があります。ピクトグラムとは，非常口のマークや禁煙のマークなどのように，禁止や許可といったさまざまな情報を単純化された絵文字で示したものです。日本では，1964年の東京オリンピックをきっかけに，来日する外国人選手にもわかりやすいようにとたくさんのピクトグラムが作成されました。

一見便利そうにみえるピクトグラムですが，いくつか注意すべき点もあります。まず，ピクトグラムは伝えたい内容を単純化した絵文字で示すものですので，その意味が曖昧なものになってしまう場合があります。たとえば，図9.8左のaはフラッシュ撮影禁止（撮影そのものは可），bは撮影禁止を意図して作成されています。しかし，言葉で書かれた説明を読まない限り，そうした意図の区別は難しいでしょう。

また，図9.8の右は上が「自転車等放置禁止区域」，下が「路上喫煙およびポイ捨て禁止」の標識ですが，上の標識は一見すると自転車やバイクの通行禁止のようにも見えます。また下の標識も，このカンの絵から「空き缶等の散乱防止」をよびかけているということを読みとるのには少し時

図 9.8　意味が曖昧なピクトグラム
ピクトグラムはシンプルでわかりやすく感じられるが，対象とする「行為」を明確に伝えることは難しい。

間がかかります。単純化された絵文字では，「自転車」や「カン」など対象物を示すことは容易にできても，「放置する」や「捨てる」のような動作を表すのはなかなか難しいのです。

　なお，ピクトグラムに描かれた対象物からどのような動作がイメージされやすいかは状況によっても変わります。この「自転車」のピクトグラムは，図のように歩道に設置されているときには「自転車で移動する」ことがイメージされやすく，「駐輪禁止」であることが伝わりにくいですが，建物入り口付近のスペースなどに設置されている場合には「駐輪禁止」であるということがより明確になるでしょう。

##

　第 5 章の Q5.2 と A5.2 でみたように，とくに都市部について地域のつながりが希薄化していることから，地域のつながりを強めるためのさまざまな取組みや工夫が行われるようになっています。そうした取組みは，地

域社会をデザインしようとするものであるといえるでしょう。

　たとえば，町おこしや町づくりとよばれる，町の活性化やその町で暮らす人々の生活快適性の向上を目指した取組みがあります。これらの取組みの中には，その地域の伝統的な祭を復活させるというように，歴史的な資産を活用して地域の人々のつながりや地域に対する愛着を強めようとするものもあります。

　また福祉領域では，地域福祉という観点から，地域の人々の間につながりが形成されるきっかけを生み出す活動や，そのための場を設ける活動が活発に行われています。さらに，2014年には国土交通省の主催で**プレイスメイキング**（place making）に関するシンポジウムや座談会が開催され，注目を集めました。プレイスメイキングとは，街中にある広場などの公共空間を利用して，人々が集う「場」を作り出そうとするものです。

　第7章の「地域コミュニティと防犯」（7.3）でも取り上げたように，こうした取組みにより人々のつながりを維持することは地域の犯罪抑止にとっても重要です。また，地域の人々のつながりは災害時にも大きな力となります。そしてこうしたつながりは，そこに暮らす人々の心理社会的な要因が強く影響するものであり，建物や空間を整備するだけでは生まれません。しかし一方で，施設や空間など物理的環境の整備が不十分なままさまざまな取組みを行ってもつながりは生まれにくいでしょう。都市という環境は，建物などの物理的環境とそこにいる人々，そしてそれらの人々の活動が一体となって構成されるものであり，そのいずれが欠けても成立しないからです。

参 考 図 書

メーラビアン, A. 岩下豊彦・森川尚子（訳）(1981). 環境心理学による生活のデザイン　川島書店

　環境心理学的な視点から，日常生活場面のデザインについてエッセイ風に述べられています。

ノーマン, D. A. 岡本　明・安村通晃・伊賀聡一郎・野島久雄（訳）(2015). 誰のためのデザイン？［増補・改訂版］──認知科学者のデザイン原論──　新曜社

　日常的なモノのデザインにアフォーダンスの概念や認知心理学的な視点を取り入れ，現在のさまざまなモノのデザインに大きな影響を与えたノーマンの1988年の著作の増補・改訂版。アフォーダンスとシグニファイアの区別，文化による違いなど，オリジナル版からいくつかの記述内容の更新や追加がなされています。

アレグザンダー, C.・イシカワ, S.・シルバースタイン, M.　平田翰那（訳）(1984). パタン・ランゲージ──環境設計の手引──　鹿島出版会

　アレグザンダーのパターン・ランゲージをまとめた書籍です。都市のような規模の大きなものから，近隣，住宅，そして窓や壁というふうに，さまざまな規模の253のパターンが収録されています。

第10章 環境の保護

ここまでの章では、環境と人間行動との間のさまざまな関係について取り上げてきました。本書の最後では、近年ますます深刻化しつつある環境問題に関連した心理学的研究についてみていくことにします。

10.1 環境問題と心理学

なぜ心理学が環境問題を扱うのでしょうか。環境心理学と環境問題にはどのような関係があるのでしょうか。まず最初に、環境問題と心理学の関係についてみていくことにしましょう。

10.1.1 コモンズの悲劇

限りある資源の利用に関する問題を考える際、しばしば『コモンズの悲劇』とよばれる話が用いられます。コモンズとは、地域住民など複数の人々によって共有され、利用される資源のことをいいます。第6章では**ラーニング・コモンズ**を取り上げましたが、このラーニング・コモンズという名前には「学生たちが共有して利用できる学習の場」という意味合いがあります。

さて、『コモンズの悲劇』とはどのような話なのでしょうか。簡単にまとめると、次のような話です。

　　多くの羊飼いたちによって共有された牧草地（コモンズ）があった。そのコモンズを共有する羊飼いの1人が、飼育している羊を1匹増やしたら自分にとってどんな効用があるだろうかと考えた。羊を1匹増やせば、自分の収入はその分だけ増える。コモンズの広さには限りがあり、羊が増えすぎてしまうのは問題だが、自分が羊を1匹増やすだけならそ

の影響はごくわずかである。そう考えた羊飼いは，自分の群れの羊を増やすことにした。しかしこのことがコモンズの悲劇につながった。じつはコモンズを共有する他の羊飼いたちも，この羊飼いと同じように考えて羊を増やしたのである。増えすぎた羊のせいでコモンズは荒れ果て，羊飼いたちは皆，収入源を失ってしまった。

　この話は，「自分1人だけなら大した影響はない」と考えて自己の利益を優先した結果，その影響が積み重なって全体の破滅につながってしまったというものです。これと似たような状況は，たとえば駅前の違法駐輪，水産資源の乱獲など，現在の私たちの社会の中にたくさんみつけられます。全体への影響を考えず，ここに自転車を停めると楽だから，たくさん魚が捕れれば収入が増えるからといった個人的利益を優先することで，駅前が自転車であふれかえり，魚が減って捕れなくなってしまうという悲劇的な状況が発生します。

　このコモンズの悲劇のような状況は，コモンズを利用する全員が節度ある行動をとれば防ぐことができるはずですが，現実にはなかなかそうはなりません。このような状況では，自分の利益に比べて全体への影響が小さく感じられやすいことや，自分がやらなくても他の人が「抜け駆け」するかもしれず，その場合には自分が「損をする」と感じられやすいことなどから，利己的な行動が増加しやすいのです。

10.1.2　社会的ジレンマ

　このような，個人の利益を優先すれば集団全体の利益が失われ，集団全体の利益を優先すると個人の利益が損なわれるといった状況は**社会的ジレンマ**（social dilemma）とよばれています。プラット（Platt, J.）は，こうした状況のうち，コモンズの悲劇のように短期的な個人の利益と長期的な社会全体への不利益との間で葛藤が生じる状況を**社会的トラップ**（social trap）とよび，それとは逆に短期的な個人の不利益と長期的な全体の利益との間で生じる葛

藤を社会的フェンス（social fence）とよびました。

たとえば，ゴミをきちんと分別して捨てるという行為は個人にとっては手間のかかる面倒なことかもしれませんが，皆がきちんとゴミを分別すれば環境資源の節約になり，ゴミ処理にかかる費用も減少して，全員がその恩恵を受けることができます。しかし，人々は自分に発生する不利益（手間）を嫌うため，それが社会的フェンスとなって全員がゴミを正しく分別するという状況にはなかなかなりません。

プラットによれば，こうした状況はいずれもオペラント条件づけ（operant conditioning）における強化（reinforcement）と弱化（punishment）の考え方で説明することができます。オペラント条件づけの理論では，直後に好ましい結果が伴う行動の頻度は増加し（強化），直後に好ましくない結果が伴う行動の頻度は減少します（弱化）。

コモンズの悲劇の例では，羊を 1 頭増やすことで「収入増加」という好ましい結果が発生します。また，違法駐輪の例では，駐輪場を利用せずに駅前に自転車を駐輪することで「駐輪場費用がかからない」「駐輪場まで行かずにすむ」といった好ましい結果が発生します。そのため，このような行動は強化され，増加することになります。また，ゴミ分別の例では，ゴミを分別するということには「手間」という好ましくない要素が伴うため，ゴミを分別するという行動は弱化による影響を受けて減少します。

また，オペラント条件づけにおいて，行動に強い影響をもつのは行動直後に発生する結果です。たとえ将来的に大きな不利益が生じる可能性があったとしても，それよりも直後の利益のほうが行動に対して強く作用するのです（図 10.1）。コモンズの悲劇の例では，羊を増やしすぎれば結果的にコモンズが荒廃してしまうという不利益があることはわかっていても，直後に得られる個人的利益のほうが強い影響をもち，羊を増やすという行動の魅力が高められるために，羊を増やすという行動が選択されやすくなります。また，ゴミ分別の例では，皆がきちんと分別をしてゴミを捨てれば長期的に好ましい影響があるとわかっていたとしても，直近の手間のほうが強い影響をもつ

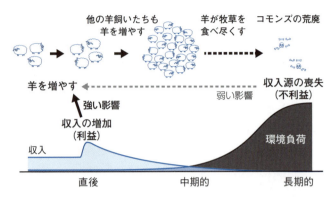

図 10.1　行動の結果として生じる利益・不利益と行動への影響の強さ

ために，ゴミを分別する行動がとられにくくなります。

10.2　環境配慮行動の心理学的モデル

　環境に与える悪影響を最小限にすることを目的とした，いわゆる「環境に優しい」行動は，専門的には**環境配慮行動**（environmentally conscious behavior）とよばれます。また，近年ではさまざまな分野で「**持続可能**（sustainable）」という言葉が頻繁に聞かれるようになりました。持続可能とは，資源の利用や活動が長期的に安定して継続できるような状態にあることを指します。化石燃料や水産資源，鉱物資源など，地球上のさまざまな資源は無限ではありません。世界人口が爆発的に増加しつつある中で，コモンズの悲劇の例のように地球資源を利己的で無計画に利用し続ければ，やがて資源は枯渇して人間社会は立ち行かなくなってしまいます。

　さまざまな環境問題の解消に向けて，環境配慮行動を増やし持続的な社会を作り出そうとする取組みが数多く行われるようになりましたが，そうした取組みを効果的に行うためには，まず環境配慮行動の背景にどのような要因があるのか，そしてそれらがどのように影響し合っているのかについての理解が必要です。

10.2.1 計画的行動理論

環境配慮行動に関する心理学的なモデルにはどのようなものがあるのでしょうか。環境配慮行動の心理過程を考える際によく用いられるものに，アイゼン（Ajzen, I.）の計画的行動理論（theory of planned behavior）があります。この理論では，行動に対する態度や主観的規範，行動に対する統制感によって行動の意図が形成され，それが行動として実行されるという過程が提唱されています（図 10.2）。

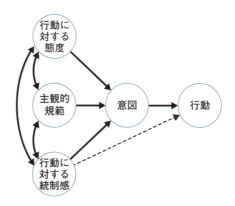

図 10.2　計画的行動理論の図式（Ajzen, 1991）

計画的行動理論について，ゴミの分別という行動を例にみてみましょう。モデルの左端にある 3 つの要因のうち，行動に対する態度とは「ゴミを分別することに賛成だ」というような，ゴミ分別行動に対する個人の考え方を指します。主観的規範（subjective norm）とは，周囲の人々（友人や家族など）がその行動についてどう考えているかについての認識のことです。ゴミの分別の例でいえば，「私の周囲の人々は，私がゴミを分別するのはよいことだ（そうすべきだ）と考えている」という認識をもっているかどうかです。

3 つ目の行動に対する統制感は，その行動が実行可能なものかどうかについての認識です。ゴミ分別の例でいうと，「ゴミの種類が多すぎてきちんと

分別することなど不可能だ」といった認識がなされている場合，それは行動に対する統制感が低い状況であるといえます。行動意図の形成にあたっては，これらの要素が複合的に影響するため，たとえば態度が強く形成されていたとしても周囲の人々の認識が否定的な場合や統制感が低い場合には行動しようとする意図が形成されず，行動は実行されません。

またこの理論では，行動に対する統制感から行動への直接的な影響も想定されています（図10.2 の破線の矢印）。忙しくてゴミを分別している暇がないというような状況では，ゴミの分別をしようという意図があったとしても，ゴミの分別は行われにくいのです。

10.2.2　VBN 理論

環境配慮行動や環境保護行動に特化したものとして，スターン（Stern, P. C.）の **VBN 理論**（value-belief-norm theory）があります。この理論では，**価値観**（value）が**信念**（belief）に影響し，それが**規範**（norm）に影響して最終的に行動意図につながるという関係が想定されています（図10.3）。

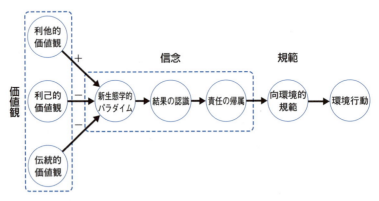

図 10.3　VBN 理論の図式（Stern et al., 1999 をもとに作成）
環境保護的な態度・行動の形成に，利他的価値観はプラスの影響を，利己的価値観と伝統的価値観はマイナスの影響をもつ。

この理論では、環境行動に影響する価値観として利他的、利己的、伝統的の3つがあげられています。たとえば「自然を守りたい」という考えは、多くの場合「将来の世代のため」や「人類全体のため」、あるいは「地球上のすべての生物のため」というように、自分自身以外の他者にとっての利益を含むものであり、**利他的価値観**の強さは環境保護的な態度・行動の形成にプラスに作用すると考えられます。これに対し、自分にとっての利益が最優先であるという**利己的価値観**や、これまでずっとこうだったからという**伝統的価値観**は環境保護的な態度・行動の形成にマイナスに作用します。

そして、こうした全般的な価値観が組み合わさることにより、環境問題に関する世界観や自然観が形成されます。VBN理論の中では、代表的な自然観として**新生態学的パラダイム**（new ecological paradigm；NEP）が用いられています。これは、人間も自然界の一部であり、人間の身勝手な活動が自然に対して深刻な影響を与え得るという考え方です。

また、**結果の認識**とは、その行動がいかに自然の生態系や地球環境に影響するかについての認識であり、**責任の帰属**とは、現在の環境問題の責任の一端が自分にあるかどうかを意味します。これらの3つはいずれも、VBN理論における信念の部分に相当する要素です。そしてこれが環境に配慮したり環境を保護したりする行動を自分がとるべきかどうかという**規範**を形成し、最終的にさまざまな環境行動につながると考えられています。

10.3 環境問題への対処

環境問題を解消するためには人々の行動を変化させる必要があります。では、多くの人々に行動を変えてもらうための方法としてどのようなものがあるのでしょうか。ここでは、それらのうちの主なものについてみていくことにします。

10.3.1 環境教育

環境問題への取組みとして近年盛んに行われているのが**環境教育**（environmental education）です。環境教育は，環境配慮行動を増加させるために，人々の環境問題への理解を深め，環境問題に対する態度を変容させることを目的として行われます。こうした環境教育には，たとえば自然体験プログラムを通じて自然環境に対する意識を高めたり，資源回収活動を通じてゴミ・資源の問題に関心を高めたりといった体験を通じて行われるものの他，環境問題の構造をゲームなどの形でシミュレーションし，そこからさまざまな環境問題に対する気づきや理解を深めようとするものがあります。

たとえば，資源問題をシミュレーションしたゲームに，**ナット・ゲーム**（nut game）とよばれるものがあります。このゲームはコモンズの悲劇のような社会的ジレンマの状況をシミュレーションしたもので，限りある資源の過剰消費が破滅的な結果につながるという点や，社会全体そして将来のために個人の消費を抑制するか，個人の短期的な利益を優先して資源を消費するかのジレンマを取り入れたものとなっています。

より具体的には，少人数の参加者で構成されるグループをテーブルを囲むように座らせ，そのテーブルの中央に六角形のナットが 10 個入った皿を置きます。この皿の上のナットが，農林水産資源など環境資源の総量を象徴しています。このゲームの目的は制限時間内にできるだけ多くのナットを集めることです（ゲームのルールは**図 10.4** の通りです）。

一定時間ごとにナットが補充されるのは，天然の環境資源が繁殖などによって補充される性質を模倣したものです。合理的に考えれば，このゲームで良い成績を収めるためには，後で補充されるナットの数よりも取るナットの数を少なく抑え，できる限り長くゲームを続けることが重要です。

さて，実際にこのゲームを実施してみるとどのようなことが起きるでしょうか。エドニーの実験（Edney, 1979）では，ゲームを実施したグループのほとんどがゲーム開始から数秒間で皿が空になり，ゲームオーバーになってしまいました。この結果は現実の資源問題における不幸な結末を反映したも

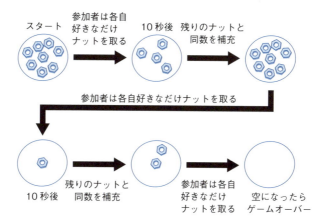

ゲームのルール
- 参加者は，各自好きなだけ皿の上のナットを取ってよい。
- 一定時間（たとえば10秒）経過ごとに，その時点で皿の上に残っているナットと同数のナットが補充される。
- 皿の上にあるナットがすべてなくなったらその時点でゲームオーバー。

図 10.4　ナット・ゲームのルールと手順（Edney, 1979）

のといえます。

　また，広瀬（Hirose et al., 2004）も，トランプゲームの**ダウト**を応用し，ゴミ不法投棄の問題を体験させる**廃棄物ゲーム**を考案しています。このゲームでは各プレーヤーが工場長となり，できるだけ少ない費用ですべてのカード（廃棄物）を処理することを目指します。ゲームの大まかなルールは図10.5 の通りです。

　このゲームでは，不法投棄をすれば短期的な処理費用は減らせますが，見つかった場合には多額の罰金が発生します。また，不正を厳しく監視しようとすればその分の費用負担が発生し，かといって不法投棄が横行すれば最終的に他人の分まで処理費用を負担しなくてはならなくなります。

　環境問題を身近なものとして感じることはなかなか難しいことが多く，また現実の環境問題の中であれこれ実際に試行錯誤してみることは困難です。しかしナット・ゲームや廃棄物ゲームでは，現実世界にある問題の基本要素

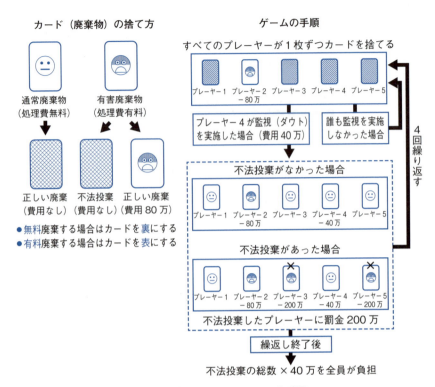

図 10.5 廃棄物ゲームのルールと手順
広瀬（Hirose et al., 2004）では，一般的なトランプを用い，ダイヤのカード（数字は無視する）を有害廃棄物，それ以外を通常廃棄物として利用する方法で紹介されている。

をうまく抜き出し，それをゲームとして体験させることによって，問題の構造やその問題に対する適切な行動について考えさせることが可能となります。

　ただし，こうした環境教育を通じて環境問題に対する知識や態度が変化したとしても，それだけで実際の環境配慮行動が増加するとは限りません。これまでの多くの研究において，環境問題に対する態度と行動は必ずしも一致しないことが示されているからです。**計画的行動理論**や第8章の災害への備えの節（8.4）でもふれたように，態度や意識の変化が実際の行動として現れるまでにはさまざまな過程や要因が影響しているため，それらに対する働

きかけを行うことも重要になります。

10.3.2 プロンプト

　人々に環境配慮行動を促したり，あるいは環境負荷の高い行動を抑制したりするための働きかけとして，広告で節電を呼びかけたり，電気のスイッチのそばに「節電にご協力ください」という貼り紙をしたりと，人々にさまざまなメッセージを与える方法もよく用いられています。このような，行動変容のためのメッセージを含む働きかけは**プロンプト**（prompt）とよばれます。プロンプトは，とるべき行動を思い出させてくれたり，何をすべきなのかを知らせてくれる役割をもちます。そのため，「地球にやさしく」のような漠然としたものよりも，ゴミ箱の近くに貼られた「ゴミはゴミ箱に」のようなもののほうが一般に効果は高くなります。

　文字や言葉によるメッセージだけがプロンプトになるわけではありません。たとえば，他の人がゴミをきちんと分別して捨てている分別回収用のゴミ箱の存在は，ゴミを分別することへのプロンプトとして作用します。また，公園にゴミが落ちていないということがゴミのポイ捨てを抑制するプロンプトとして作用する場合もあります。たとえば，チャルディーニらの研究（Cialdini et al., 1990）では，小道を行く人々に公共サービスに関するチラシを配り，それがどれくらいの比率でポイ捨てされるかが観察されました。その際，実験者が前もってその道に0個から16個のゴミを置いておいたところ，ゴミが少ない条件ではチラシのポイ捨てが少なかったのです（図10.6）。

　なお，この研究では，ゴミがまったく落ちていない条件よりも，ゴミが1つだけ落ちている条件のほうがポイ捨ての数が少ないという，興味深い結果が得られました。この結果についてチャルディーニらは，ゴミが落ちていない環境によって示される「ゴミを捨ててはいけない」という規範が，ごく少量のゴミが落ちていることによってさらに強調されたためだと説明しています。確かに，きれいに掃除されている中にポツンと1つゴミが落ちていると，それがルール違反であることが際立ち，「みっともないことだ」という印象

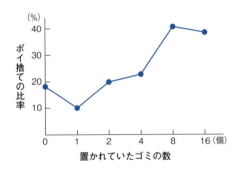

図 10.6 路上に落ちているゴミの数とポイ捨て比率
(Cialdini et al., 1990 をもとに作成)

が強くなるかもしれません。このように，まったくゴミがゼロである場合とごくわずかに落ちている場合でプロンプトの強さが逆転する場合もありますが，全体的にみるとゴミが少ないほどポイ捨ても少なくなる傾向にあり，散乱しているゴミの少なさが，ゴミをポイ捨てしてはいけないというメッセージを運ぶプロンプトとして作用すると考えられるのです。

10.3.3 報酬と罰

環境教育やプロンプトは目的とする行動が生じる前に行われるものですが，行動が生じてから行われる働きかけもあります。たとえばプラット（Platt, J.）は，社会的ジレンマの問題をオペラント条件づけの枠組みでとらえ，社会的ジレンマの状況で適切な行動を増やすために，行動によって生じる利益と不利益を再配分することを主張しています。

たとえば，コモンズの悲劇の例では，羊を増やすことに対して何らかの罰則（高い税を課すなど）を与え，飼っている羊が少ない羊飼いに対して報酬（補助など）を与えることで，羊を増やすという行為の利益と不利益のバランスが変化します。またゴミ分別の例では，分別されていないゴミに対して罰則（ゴミが回収されない，罰金が科されるなど）を与え，正しく分別されたゴミに対して報酬（日用品の購入などに使用できるポイントの付与など）を与えることで，ゴミを分別するという行動の利益と不利益のバランスを変

化させることができます。

　このような，報酬や罰を用いて行動を変化させようとする方法はさまざまな形で用いられています。たとえばスウェーデンでは，ビンや缶などの容器に入った飲料にあらかじめ回収料をデポジットとして上乗せして販売し，容器が正しく返却された場合に上乗せ分を払い戻しするという方法が用いられています。この場合，容器を返却した際に払い戻される金銭がリサイクル行動を強化する報酬として作用します。

　報酬や罰を用いた方法は行動を変えるための効果的方法であることが多いのですが，注意すべき点もあります。報酬や罰を用いた方法は，それによって環境配慮行動が促進されたとしても，報酬や罰がなくなると元に戻ってしまうことが多いのです。

　また，報酬や罰を用いた方法では，環境配慮行動をとることそのものでなく，報酬を得ることや罰を逃れることが目的化することもあり，そのような場合にはさまざまなごまかしが生じたりします。たとえば，道端に散乱しているゴミを拾ってゴミ箱に捨ててくれた人に報酬を与えるような働きかけを行った場合には，大きなゴミを拾ってもちょっとしたゴミは拾わなかったり，対象エリアでゴミを拾わずに家庭ゴミを持ってきて捨てることで報酬を得ようとする人々が現れたりします。

10.3.4　障壁の除去

　行動に対して直接的に報酬や罰を与えるのではなく，好ましい行動をとるうえで障壁となっているものを取り除くという方法もあります。たとえば，ゴミ箱にゴミを捨てようとしたとき，近くにゴミ箱が見つからなければ，ゴミ箱を探しにいかなくてはなりません。これはゴミ箱にゴミを捨てるという行動にとっての障壁となります。そして，ゴミがいつまでも手元にあるのは個人にとって不快なことですから，結果として道端にゴミがポイ捨てされてしまうことになります。しかし，ゴミ箱がすぐ近くにあればそうした障壁はなくなるため，ポイ捨ては減少するはずです。

張ら（2002）は，市民公園のゴミ箱の配置方法と散乱ゴミの量の関係について検討を行い，公園の出入口付近にのみゴミ箱を設置した場合と，公園内に均等に分散させて配置した場合とでは，後者のほうが散乱ゴミ（ポイ捨て）が少ないことを報告しています。公園の出入口付近にしかゴミ箱がない場合，ゴミを捨てるためには出入口まで戻るか公園を出るときまでゴミを持っているしかありません。しかし公園内に均等にゴミ箱が配置されている場合には，わざわざ出入口まで戻らなくてはならないといった障壁がなく，近くのゴミ箱にすぐに捨てることができます。こうした違いが，公園内での散乱ゴミの量に影響したと考えられます。

また，資源リサイクルの問題においてはゴミを捨てる際の分別の手間が障壁として作用します。たとえば，リサイクルのためにゴミを何種類にも分別して捨てる必要がある場合とひとまとめに捨ててよい場合とでは，後者のほうがリサイクルされるゴミの量が多くなります。また，その商品がリサイクル可能なのかどうかを明確にすることで，リサイクルされるゴミの量が増加することもあります。

10.3.5 情報フィードバック

人々の行動を変容させるうえで，その行動がどのような結果につながっているのかという情報を提供することも重要です。このような，行動の結果に関する情報を提供することを**情報フィードバック**（information feedback）とよびます。たとえば，最近の電源タップにはワットメーターを搭載しているようなものもありますが，そのようなタップは消費電力や料金といった電気の使用に関する情報フィードバックを与えていることになります。こうしたフィードバックにより，節電のためにとった行動がどの程度の節電効果を生んでいるのかがわかりやすくなるため，節電につながる行動がより増加し，そうでない行動が減少するという変化が生じます。

情報フィードバックの効果は，行動の後できるだけすぐに情報をフィードバックしたほうが高くなります。たとえば，毎晩寝る前にその日の電気使用

量がわかる場合（「本日，○○ kW（約△△円）の電気を消費しました」）と，月末に1カ月分の使用量がわかる場合（「今月の使用量は○○ kW（△△円）でした」）とでは，前者のほうが情報フィードバックの効果が高く，節電行動につながりやすいと考えられます。また多くの場合，「電気が節約できた」という情報は節電行動をとる人にとって報酬となり，「電気使用量が増えた」という情報は罰となるように，こうした情報フィードバックは行動に対する報酬や罰としても作用します。

10.4 まとめ

　資源問題や環境問題の多くは，個人の利益と集団の利益の間に葛藤が生じた状態である社会的ジレンマとして理解することができます。また，環境にやさしい行動である環境配慮行動には，人々の価値観や態度，規範，問題についての認識などさまざまな要素が関連していると考えられています。

　現在の資源問題や地球環境問題のほとんどは人間の活動の結果として生じたものであり，このままいけばやがて資源は枯渇し，人間社会は立ち行かなくなってしまうでしょう。一人ひとりの行動の結果は，最終的には私たち全員に返ってくるのです。人々が環境を考えずに行動し続ければやがては不幸な結末が訪れるでしょう。しかし，私たちの一人ひとりが少しでも環境に意識を向け，行動することができれば，そうした積み重ねが私たちやその次の世代にとってより良い結果をもたらしてくれることでしょう。

10.1

人気観光地のようなたくさんの人々が集まるところでは，観光客の出すゴミが問題になることが多々あります。ゴミのポイ捨てをなくし，きれいで清潔な環境を保つための工夫として，どのようなものが考えられるでしょうか。

memo

10.2

環境配慮行動をとってもらうよう人々に働きかけることは，これまでの態度や行動を変化させるよう人々を説得することとしてとらえることもできます。環境配慮行動をとってくれるよう人々を説得するためには，どのように働きかけるのが効果的だと考えられるでしょうか。

memo

Q 10.3

近年,さまざまな場所で「いつもきれいに使っていただきありがとうございます」や「いつもゴミ分別にご協力いただき,ありがとうございます」といった貼り紙を目にするようになりました。これらはそれぞれ「きれいに使うこと」や「ゴミを分別すること」を促すプロンプトといえますが,なぜこのような表現が用いられているのでしょうか。単純に,「きれいに使ってください」や「ゴミ分別にご協力ください」ではいけないのでしょうか。

memo

10.1

ゴミのポイ捨て問題を克服する方法として，橋本（2002）は以下のようなものをあげてます．

1. **潜在ゴミの削減**

    そもそもの話として，ゴミになるものがなければ，ゴミが散乱することはなくなります．自動販売機で販売される缶飲料は，購入後数分から数十分で確実にゴミになります．これらを極力減らすことにより，ゴミの散乱を防ぎやすくなります．

2. **ゴミ箱の便宜性を高める**

    飲食や喫煙など，とくにゴミの出やすい行為が多く発生する場所に集中的にゴミ箱を配置することも一つの方法です．広い範囲に均等にゴミ箱を設置することは管理コストなどの面から難しいですが，ゴミの発生しやすい場所に集中的にゴミ箱を設置することで効率性を高めることができます．

3. **ゴミ箱の場所をわかりやすくする**

    ゴミ箱が物理的に近くにない場合でも，あそこにゴミ箱があるというような「見通し」があると，それによってゴミ箱までの心理的な距離を縮めることができます．つまり，ゴミ箱のある場所をあらかじめ見通せるような情報を標識などで適切に与えることで，ゴミがポイ捨てされる確率は低くなると考えられるのです．

4. **ゴミにプラスの価値をもたせる**

    本文中でも取り上げたように，デポジットなどによってゴミとなるものに価値をもたせ，ポイ捨てを防ぐという方法です．

    これらの方法をうまく組み合わせることにより，ポイ捨ての問題はかなり改善できるでしょう．ただしこうした方法は，限られた範囲や区域なら実行可能であっても，町全体のような広い範囲を含む場合には実施が困難な場合もあります．また，ゴミ箱がすぐ近くにあると，いつでもゴミを捨

てられるという気軽さから全体的なゴミの量が増加するという可能性もあります。

相手に要求をのませるための技法としてよく知られるものに，**フット・イン・ザ・ドア**（foot in the door）とよばれるものがあります。これは，まず最初に相手が承諾しやすい簡単な要請を行い，その後で段階的に要求のハードルを上げていって最終的に本来の要求をのませるという方法です。

たとえば，ある活動への募金を求めるとき，いきなり募金を求めるのではなく，まず「書くだけでいいので」と署名を求めておいて，その後で「もしよければ募金もお願いできませんか」という形で本来の要求を行います。この方法は，一度相手の要求を承諾した後には，それに続く要求も断りづらくなるという心理的な傾向を利用したものです。フット・イン・ザ・ドアという名前は，セールスマンが訪問先でドアの隙間に足を挟み込み，相手が商談を拒否しづらい雰囲気を作り出すことに由来します。

このフット・イン・ザ・ドアの手法は，人々に環境配慮行動をとってもらうよう働きかける際にも用いられています。たとえば，アーバスノットら（Arbuthnot et al., 1976-1977）は，この方法がリサイクル行動に与える影響について検討しています。彼らの研究では，最初の要求は環境保護に関する質問紙に回答してもらうことでした。そしてその次の要求はリサイクルのためにアルミ缶を1週間貯めてもらうこと，そして3つ目の要求は人々に地域のリサイクル活動拡大を求める投書をしてもらうというものでした。そして最終的に，地域のリサイクルセンターを長期的に利用してほしいという要求がなされました。

この実験の結果，3つの要求を段階的に行った場合には，それ以外の場合に比べてリサイクルセンターの利用率が高くなり，その効果は最初の調査の1年半後でも継続していたのです。

A10.3

「ゴミはゴミ箱に」のようなメッセージは，**社会的規範**（social norm）を示すことで人々の行動に影響すると考えられています。社会的規範とは，周囲の人々がどのように考え，そして行動しているかということで，それらは「社会のルール」のような形で人々の行動に作用します。そしてその社会的規範は，**記述的規範**（descriptive norm）と**命令的規範**（injunctive norm）の2つに分類されます。

記述的規範とは，その場面で一般的にどのような行動がとられているかを示すもので，プロンプトに用いられるメッセージの例としては，「今月は○○kgの空き缶がリサイクルされました」や「たくさんの人がエコバッグを利用しています」のようなものが相当します。これに対し，命令的規範とはどのような行動が社会に認められ，あるいは認められないのかを示すもので，メッセージの例でいうと「ここにゴミを捨てないでください」や「ゴミはゴミ箱に」のようなものが相当します。

それぞれの規範を用いたメッセージは対象とする行動によっても効果が異なりますが，環境配慮行動を促すような働きかけでは，命令的規範を用いるよりも記述的規範を用いるほうが効果的であることが示されています。なお，メッセージにこれらの両方の規範が含まれていることもあります。その場合，2つの規範が矛盾した形になるのは避けなくてはなりません。たとえば，「最近ゴミのポイ捨てが増えています。ゴミはゴミ箱に捨てましょう」というメッセージでは，ゴミはゴミ箱に捨てるべきだという命令的規範と，多くの人がポイ捨てをしているという記述的規範の間で矛盾が生じています。

さて，「いつもゴミ分別にご協力いただきありがとうございます」のようなメッセージですが，これは命令的規範と記述的規範のどちらになるのでしょうか。「ゴミはきちんと分別してください」というようなメッセー

ジであれば命令的規範でしょうが，このメッセージはそうではありません。どちらかといえば記述的規範のほうが近いでしょう。「いつも」ということは，ゴミを分別することが一般的な行動だということを示しているからです。

　また，こうしたメッセージでは，行為に先立って「ご協力いただきありがとうございます」という形で謝意が示されています。そのために，先に好意を見せてくれた相手の頼みごとを断ることに対してなんとなく抵抗を感じ，その要求に従ってしまうという可能性も考えられます。たとえば油尾と吉田（2012）は，こうしたメッセージの効果を**互恵性**（reciprocity）の規範（好意を提供してくれる相手に対しては好意を返すべきであるという規範）の点から検討しています。

　実際のところ，いたるところで見かける「○○してくれてありがとうございます」のメッセージがこうした効果を考慮して作られているものなのかどうかはわかりません。ですが，こうしたメッセージでは，ちょっとした表現の違いが効果に大きく影響することがあるということは覚えておくべきでしょう。このように小さなことが大きな違いを生む可能性があるのは，人間−環境関係全体にもいえることです。そこが環境心理学の難しいところであり，また興味深いところでもあるのです。

参考図書

広瀬幸雄（編）(2008). 環境行動の社会心理学――環境に向き合う人間のこころと行動―― 北大路書房

　環境問題の構造，環境配慮行動や環境保護行動，環境教育，そして社会運動や企業の役割など，環境問題に関するさまざまなトピックがまとめられています。

藤井　聡（2003）．社会的ジレンマの処方箋――都市・交通・環境問題のための心理学―― ナカニシヤ出版

　交通における問題を中心に，社会的ジレンマの構造やその対処法などについて解説されています。

引用文献

第1章
Koffka, K.（1935）. *Principles of gestalt psychology*. London : Routledge and Kegan Paul.
　（コフカ，K. 鈴木正彌（監訳）（1998）. ゲシュタルト心理学の原理　福村出版）
Wicker, A. W.（1984）. *An introduction to ecological psychology*. New York : Cambridge University Press.
　（ウイッカー，A. W. 安藤延男（訳）（1994）. 生態学的心理学入門　九州大学出版会）

第2章
Brunswik, E.（1952）. *The conceptual framework of psychology. International encyclopedia of unified science*. Vol.1. No.10. Chicago : The University of Chicago Press.
　（ブルンスヴィック，E. 船津孝行（訳）（1974）. 心理学の枠組み──その概念・歴史・方法──　誠信書房）
Coluccia, E., & Louse, G.（2004）. Gender differences in spatial orientation : A review. *Journal of Environmental Psychology*, **24**, 329-340.
Franchak, J., & Adolph, K.（2014）. Affordances as probabilistic functions : Implications for development, perception, and decisions for action. *Ecological Psychology*, **26**, 109-124.
Gibson, E. J., & Walk, R. D.（1960）. The "visual cliff." *Scientific American*, **202**, 67-71.
Levine, M.（1982）. You-Are-Here maps: Psychological considerations. *Environment and Behavior*, **14**, 221-237.
Warren, W. H.（1984）. Perceiving affordances : Visual guidance of stair climbing. *Journal of Experimental Psychology : Human Perception and Performance*, **10**, 683-703.

第3章
Aiello, J. R., Baum, A., & Gormley, F. P.（1981）. Social determinants of residential crowding stress. *Personality and Social Psychology Bulletin*, **7**, 643-649.
Altman, I.（1975）. *The environment and social behavior*. Monterey, CA : Brooks/Cole.
Cook, M.（1970）. Experiments on orientation and proxemics. *Human Relations*, **23**, 61-76.
Eastman, C., & Harper, J.（1971）. A study of proxemic behavior : Toward a predictive model. *Environment and Behavior*, **3**, 418-437.
Hayduk, L. A.（1978）. Personal space : An evaluative and orienting overview. *Psychological Bulletin*, **85**, 117-134.
Hayduk, L. A.（1981）. The shape of personal space : An experimental investigation. *Canadian Journal of Behavioural Science*, **13**, 87-93.
槙　究（2004）. 環境心理学──環境デザインへのパースペクティブ──　春風社
Middlemist, R. D., Knowles, E. S., & Matter, C. F.（1976）. Personal space invasions in the

lavatory : Suggestive evidence for arousal. *Journal of Personality and Social Psychology*, **33**, 541-546.
Wolfe, M.（1978）. Childhood and privacy. In I. Altman, & J. F. Wohlwill（Eds.）, *Children and the environment*（pp.175-222）. Boston, MA : Springer US.

第4章

安藤寿康（2000）. 心はどのように遺伝するか――双生児が語る新しい遺伝観―― 講談社
Averill, J. R.（1973）. Personal control over aversive stimuli and its relations to stress. *Psychological Bulletin*, **80**, 286-303.
Evans, G. W., & Cohen, S.（1987）. Environmental stress. In D. Stokols, & I. Altman（Eds.）, *Handbook of environmental psychology*. Vol.1.（pp.571-610）. New York : Wiley-Interscience.
Glass, D. C., & Singer, J. E.（1972）. *Urban stress : Experiments on noise and social stressors*（*Social psychology*）. Academic Press.
Hartig, T.（2012）. The restoration perspective : A source of novel concepts for research on environment and health. *MERA Journal*, **15**（2）, 3-7.
Holmes, T. H., & Rahe, R. H.（1967）. The social readjustment rating scale. *Journal of Psychosomatic Research*, **11**, 213-221.
Kaplan, S.（1995）. The restorative benefits of nature : Toward an integrative framework. *Journal of Environmental Psychology*, **15**, 169-182.
Lazarus, R. S., & Folkman, S.（1984）. *Stress, appraisal, and coping*. New York : Springer Publishing Company.
（ラザルス, R. S.・フォルクマン, S. 本明　寛・春木　豊・織田正美（監訳）（1991）. ストレスの心理学――認知的評価と対処の研究―― 実務教育出版）
Persinger, M. A., Tiller, S. G., & Koren, S. A.（1999）. Background sound pressure fluctuations（5db）from overhead ventilation systems increase subjective fatigue of university students during three-hour lectures. *Perceptual and Motor Skills*, **88**, 451-456.
高山範理（2012）. エビデンスからみた森林浴のストレス低減効果と今後の展開――心身健康科学の視点から―― 新興医学出版社
Ulrich, R.（1984）. View through a window may influence recovery from surgery. *Science*, **224**（4647）, 420-421.

第5章

Abu-Ghazzeh, T. M.（1998）. Children's use of the street as a playground in Abu-Nuseir, Jordan. *Environment and Behavior*, **30**, 799-831.
Brown, B. B., Burton, J. R., & Sweaney, A. L.（1998）. Neighbors, households, and front porches : New urbanist community tool or mere nostalgia? *Environment and Behavior*, **30**, 579-600.

Després, C. (1991). The meaning of home : Literature review and directions for future research and theoretical development. *Journal of Architectural and Planning Research*, **8**, 96-115.

Dovey, K. (1985). Home and homelessness : Introduction. In I. Altman, & C. M. Werner (Eds.), *Home environments. Human behavior and environment : Advances in theory and research*. Vol.8. (pp.33-64). New York : Plenum Press.

Festinger, L., Schachter, S., & Back, K. (1950). *Social pressure in informal groups*. Stanford University Press.

岩田　紀（2001）．快適環境の社会心理学　ナカニシヤ出版

Kaplan, R., & Kaplan, S. (1989). *The experience of nature : A psychological perspective*. Cambridge University Press.

McMillan, D. W., & Chavis, D. M. (1986). Sense of community : A definition and theory. *Journal of Community Psychology*, **14**, 6-23.

Milgram, S. (1977). *The individual in a social world : Essays and experiments*. Pinter & Martin.

織田正昭（1990）．高層住宅居住の母子の行動特性とその影響　保健婦雑誌, **46**, 754-760.

小俣謙二（1997）．住まいとこころの健康――環境心理学からみた住み方の工夫――　ブレーン出版

Scannell, L., & Gifford, R. (2010). The relations between natural and civic place attachment and pro-environmental behavior. *Journal of Environmental Psychology*, **30**, 289-297.

谷口汎邦・定行まり子（1989）．高層住宅に居住する幼児の自立行動を規定する環境要因の抽出――都市集合住宅における幼児の生活空間計画に関する研究　その3――　日本建築学会計画系論文報告集, **396**, 20-26.

富田和暁（2005）．大阪市都心地区における新規マンション居住者の居住満足度と定住意意識　大阪市立大学大学院文学研究科紀要, **56**, 65-89.

渡辺圭子（1994）．集合住宅のストレスと居住者の精神健康　繊維製品消費科学会誌, **35**, 10-15.

渡辺圭子・山内宏太朗（1982）．住形態による住環境ストレスの違い――住環境ストレスと精神健康に関する調査　その9（環境工学）――　日本建築学会関東支部研究報告集計画系, **53**, 117-120.

第6章

Barker, R. G., & Gump, P. V. (1964). *Big school, small school : High school size and student behavior*. Stanford, CA : Stanford University Press.
　　（バーカー，R. G.・ガンプ，P. V.　安藤延男（監訳）（1982）．大きな学校，小さな学校――学校規模の生態学的心理学――　新曜社）

Campione, W. (2008). Employed women's well-being : The global and daily impact of work. *Journal of Family and Economic Issues*, **29**, 346-361.

Carlopio, J. R., & Gardner, D. (1992). Direct and interactive effects of the physical work-environment on attitudes. *Environment and Behavior*, **24**, 579-601.

Diamond, D. M., Campbell, A. M., Park, C. R., Halonen, J., & Zoladz, P. R. (2007). The temporal dynamics model of emotional memory processing : A synthesis on the neurobiological basis of stress-induced amnesia, flashbulb and traumatic memories, and the Yerkes-Dodson Law. *Neural Plasticity*, 2007, 60803.

北川歳昭 (1998). 教室の座席行動と個人空間——教師への距離の調整としての学生の着席位置—— 実験社会心理学研究, **38**, 125-135.

Koneya, M. (1976). Location and interaction in row-and-column seating arrangements. *Environment and Behavior*, **8**, 265-282.

Levitt, S. D., & List, J. A. (2011). Was there really a Hawthorne effect at the Hawthorne plant? An analysis of the original illumination experiments. *American Economic Journal : Applied Economics*, **3**, 224-238.

McNeely, C., Nonnemaker, J., & Blum, R. (2002). Promoting school connectedness : Evidence from the National Longitudinal Study of Adolescent Health. *Journal of School Health*, **72**, 138-146.

Mehrabian, A. (1976). *Public places and private spaces : The psychology of work, play, and living environments*. New York : Basic Books.
(メーラビアン, A. 岩下豊彦・森川尚子 (訳) (1981). 環境心理学による生活のデザイン 川島書店)

Pollet, D., & Haskell, P. C. (Eds.). (1979). *Sign systems for libraries : Solving the wayfinding problem*. New York, NY : Bowker.
(ポレット, D.・ハスキル, P. C. (編) 木原祐輔・大橋紀子 (訳) (1981). 図書館のサイン計画——理論と実際—— 木原正三堂)

Sundstrom, E., & Sundstrom, M. G. (1986). *Work places : The psychology of the physical environment in offices and factories*. Cambridge University Press.
(サンドストローム, E.・サンドストローム, M. G. 黒川正流 (監訳) (1992). 仕事の場の心理学——オフィスと工場の環境デザインと行動科学—— 西村書店)

Sundstrom, E. (2001). Workplace environmental psychology. In N. J. Smelser, & P. B. Baltes (Eds.), *International encyclopedia of the social and behavioral sciences* (pp.16593-16598). New York : Elsevier.

Veitch, J. A., Newsham, G. R., Boyce, P. R., & Jones, C. C. (2008). Lighting appraisal, well-being and performance in open-plan offices : A linked mechanisms approach. *Lighting Research and Technology*, **40**, 133-151.

Wannarka, R., & Ruhl, K. (2008). Seating arrangements that promote positive academic and behavioural outcomes : A review of empirical research. *Support for Learning*, **23**, 89-93.

Wicker, A. W. (1984). *An introduction to ecological psychology*. New York : Cambridge University Press.
(ウイッカー, A. W. 安藤延男 (監訳) (1994). 生態学的心理学入門 九州大学出版会)

引用文献

第7章

Brantingham, P. J., & Brantingham, P. L. (2008). Crime pattern theory. In R. Wortley, & L. Mazerolle (Eds.), *Environmental criminology and crime analysis* (pp.78-94). Cullompton, Devon : Willan Publishing.
（ブランティンガム，P. J.・ブランティンガム，P. L. (2010). 犯罪パターン理論　ウォートレイ，R.・メイズロール，L. (編) 島田貴仁・渡辺昭一 (監訳) 環境犯罪学と犯罪分析 (pp.81-96)　財団法人社会安全研究財団）

Brown, B. B., & Bentley, D. L. (1993). Residential burglars judge risk : The role of territoriality. *Journal of Environmental Psychology*, **13**, 51-61.

Clarke, R. V., & Eck, J. (2003). *Become a problem-solving crime analyst : In 55 small steps*. London : Jill Dando Institute of Crime Science.

Cleveland, G., & Saville, G. (2003). An introduction to 2nd generation CPTED : Part 2. *CPTED Perspectives*, **6** (1), 7-9.

樋村恭一・飯村治子・小出　治 (2003). 犯罪不安喚起空間と犯罪発生空間の関係に関する研究　都市計画報告集, **2**, 45-49.

岩倉　希・雨宮　護・羽生和紀(2015). 犯罪者の環境認知と犯罪行為　環境心理学研究, **3**, 24.

Newman, O. (1996). *Creating defensible space*. Washington, DC : U. S. Department of Housing and Urban Development, Office of Policy Development and Research.

小俣謙二 (2011). コミュニティと防犯　小俣謙二・島田貴仁 (編著) (2011). 犯罪と市民の心理学——犯罪リスクに社会はどうかかわるか——(pp.130-148)　北大路書房

Rossmo, D. K. (1999). *Geographic profiling*. CRC Press.
（ロスモ, D. K.　渡部昭一 (監訳) (2002). 地理的プロファイリング——凶悪犯罪者に迫る行動科学——　北大路書房）

Wilson, J. Q., & Kelling, G. L. (1982). Broken windows : The police and neighborhood safety. *The Atlantic Monthly*, **249** (3), 29-38.

第8章

Bell, P. A., Green, T., Fisher, J. D., & Baum, A. (2001). *Environmental psychology* (5th ed.). Fort Worth : Harcourt College Publishers.

Evans, G. W., & Cohen, S. (1987). Environmental stress. In D. Stokols, & I. Altman (Eds.), *Handbook of environmental psychology*. Vol.1. (pp.571-610). New York : Wiley-Interscience.

Jacob, B., Mawson, A. R., & Payton, M. (2008). Disaster mythology and fact : Hurricane Katrina and social attachment. *Public Health Reports*, **123**, 555-566.

木村玲欧 (2015). 災害・防災の心理学——教訓を未来につなぐ防災教育の最前線——　北樹出版

三浦麻子・小森政嗣・松村真宏・前田和甫 (2015). 東日本大震災時のネガティブ感情反応表出——大規模データによる検討——　心理学研究, **86**, 102-111.

片田敏孝（2012）．人が死なない防災　集英社
Paton, D.（2003）．Disaster preparedness : A social-cognitive perspective. *Disaster Prevention and Management*, **12**, 210-216.
Slovic, P.（1987）．Perception of risk. *Science*, **236**（4799）, 280-285.
Sorensen, J. H., & White, G. F.（1980）．Natural hazards : A cross-cultural perspective. In A. Rapoport, I. Altman, & J. F. Wohlwill（Eds.），*Human behavior and environment*. Vol.4, *Environment and culture*（pp.279-318），Springer Science & Business Media.
田中　優（2011）．非被災地における被災者支援の社会心理学的問題　大妻女子大学人間関係学部紀要人間関係学研究, **13**, 79-88.

第9章

雨宮　護・樋野公宏（2007）．英米における「防犯まちづくり」の理論の系譜と近年の動向　日本都市計画学会都市計画報告集, **6**, 100-107.
Kaplan, R., Kaplan, S., & Ryan, R.（1998）．*With people in mind : Design and management of everyday nature*. Island Press.
　　（カプラン, R.・カプラン, S.・ライアン, R. L.　羽生和紀（監訳）（2009）．自然をデザインする――環境心理学からのアプローチ――　誠信書房）
Lawton, M. P., & Nahemow, L.（1973）．Ecology and the aging process. In C. Eisdorfer, & M. P. Lawton（Eds.），*The psychology of adult development and aging*. Washington, DC : American Psychological Association.
日本建築学会（編）（1998）．人間環境学――よりよい環境デザインへ――　朝倉書店
Sommer, R., & Ross, H.（1958）．Social interaction on a geriatrics ward. *International Journal of Social Psychiatry*, **4**, 128-133.
Zeisel, J.（1984）．*Inquiry by design : Tools for environment-behavior research*. Cambridge University Press.
　　（ツァイゼル, J.　根建金男・大橋靖史（監訳）（1995）．デザインの心理学――調査・研究からプランニングへ――　西村書店）

第10章

Ajzen, I.（1991）．The theory of planned behavior. *Organizational Behavior and Human Decision Processes*, **50**, 179-211.
Arbuthnot, J., Tedeschi, R., Wayner, M., Turner, J., Kressel, S., & Rush, R.（1976-1977）．The induction of sustained recycle behavior through the foot-in-the-door technique. *Journal of Environmental Systems*, **6**, 355-358.
Cialdini, R. B., Reno, R. R., & Kallgren, C. A.（1990）．A focus theory of normative conduct : Recycling the concept of norms to reduce littering in public places. *Journal of Personality and Social Psychology*, **58**, 1015-1026.
Edney, J. J.（1979）．The nuts game : A concise commons dilemma analog. *Journal of Nonverbal Behavior*, **3**, 252-254.

引用文献

橋本俊哉 (2002). 「ゴミ捨て行動」の心理と誘導方策 農業土木学会誌, **70**, 101-104.

Hirose, Y., Sugiura, J., & Shimomoto, K. (2004). Industrial waste management simulation game and its educational effect. *Journal of Material Cycles and Waste Management*, **6**, 58-63.

張 允鍾・青木誠治・河合慎一郎・早瀬光司 (2002). 市民公園におけるごみ箱の配置条件による散乱ごみの増減 環境科学会誌, **15**, 59-66.

Stern, P. C., Dietz, T., Abel, T., Guagnano, G. A., & Kalof, L. (1999). A value-belief-norm theory of support for social movements : The case of environmentalism. *Human Ecology Review*, **6**, 81-97.

油尾聡子・吉田俊和 (2012). 送り手との互恵性規範の形成による社会的迷惑行為の抑制効果 社会心理学研究, **28**, 32-40.

人名索引

ア 行

アーバスノット（Arbuthnot, J.）228
アイゼン（Ajzen, I.）213
アップルトン（Appleton, J.）83
アブ=ガゼー（Abu-Ghazzeh, T. M.）111
アベリル（Averill, J. R.）79
アルトマン（Altman, I.）55，60
アルリッチ（Ulrich, R.）80，82，83，85
アレグザンダー（Alexander, C.）191
安藤寿康 92

岩倉 希 160
岩田 紀 99，101

ヴィーチ（Veitch, J. A.）122
ウィルソン（Wilson, E. O.）83
ウィルソン（Wilson, J. Q.）152
ウェスティン（Westin, A.）61
ウォルフ（Wolfe, M.）69
ウォレン（Warren, W. H.）40

エヴァンス（Evans, G. W.）73，167
エドニー（Edney, J. J.）216

オーリアンズ（Orians, G. H.）83
織田正昭 101
小俣謙二 98，102，162
オルデンバーグ（Oldenburg, R.）111

カ 行

カーロピオ（Carlopio, J. R.）124
片田敏孝 183
カプラン（Kaplan, R.）81〜84，91，117，193，199
カンター（Canter, D.）146

北川歳昭 131
ギブソン（Gibson, E. J.）39

ギブソン（Gibson, J. J.）23
木村玲欧 183

クック（Cook, M.）54
クラーク（Clarke, R. V.）145
クリーブランド（Cleveland, G.）154

コフカ（Koffka, K.）4
コルチア（Coluccia, E.）31

サ 行

サンドストローム（Sundstrom, E.）123，126

ジェイコブ（Jacob, B.）178
ジェフリー（Jeffery, C. R.）151
張 允鍾 222
ジンバルドー（Zimbardo, P.）152

スキャネル（Scannell, L.）106
スターン（Stern, P. C.）214
スロヴィック（Slovic, P.）174

ソマー（Sommer, R.）190
ソレンセン（Sorensen, J. H.）168

タ 行

高山範理 81
田中 優 185
谷口汎邦 101

チャルディーニ（Cialdini, R. B.）219

デプレ（Després, C.）96

ドーヴェイ（Dovey, K.）96
富田和暁 102

ナ 行

ニューマン（Newman, O.） 149, 150

ノーマン（Norman, D. A.） 189

ハ 行

バーカー（Barker, R. G.） 10, 127
ハーティグ（Hartig, T.） 81
橋本俊哉 227

樋村恭一 155
広瀬幸雄 217

フェスティンガー（Festinger, L.） 103
フェルソン（Felson, M.） 143
ブラウン（Brown, B. B.） 160
プラット（Platt, J.） 210, 220
ブランティンガム（Brantingham, P. J.） 146
ブルンズウィック（Brunswik, E.） 21

ペイトン（Paton, D.） 175

ホームズ（Holmes, T. H.） 74
ホール（Hall, E. T.） 48
ポレット（Pollet, D.） 132

マ 行

槙 究 61
マクミラン（McMillan, D. W.） 105

三浦麻子 170
ミドルミスト（Middlemist, R. D.） 51
ミルグラム（Milgram, S.） 109

メイス（Mace, R.） 196
メーラビアン（Mehrabian, A.） 59, 127

ラ 行

ラザラス（Lazarus, R. S.） 76, 79
ラパポート（Rappaport, J.） 106

リンチ（Lynch, D.） 27

レヴィット（Levitt, S. D.） 122
レヴィン（Levine, M.） 33

ロートン（Lawton, M. P.） 194

ワ 行

渡辺圭子 99

事項索引

ア 行

愛着　57, 116, 151
アイデンティティ　96, 98, 107
アクション・ゾーン　131
アクティブ・ラーニング　133
アフォーダンス　23, 24, 189

意識空間　147
1次的評価　76
1次テリトリー　55, 56, 95
一貫性　118
意図　175, 213
イメージ　150, 151
インフォメーション・コモンズ　133

美しさ　122

影響力　105
エッジ　27
援助行動　110
遠方相　48
遠方手がかり　21

応用性ギャップ　199
オープンプラン　129
オープンプラン・オフィス　124, 130
恐ろしさ　174
オペラント条件づけ　211
温熱快適性　123

カ 行

快感情　82
快適さ　122
回復環境　80, 167
回復効果　80
回復性　84
学際領域　2
覚醒　5, 51

覚醒水準　5, 123
拡張現実　34
隠れ家　83
課題非従事行動　128
価値観　214
学校とのつながり　128
過負荷　109, 123
過密　171
環境　2
環境圧力　194
環境教育　216
環境決定論　16
環境刺激　5
環境心理学　1
環境ストレス　73
環境的方法　62
環境能力　195
環境の荒廃　153
環境の好み　83
環境配慮行動　212
環境犯罪学　146
関係性　76
監視性　151
感情　107
感情状態　50
関与　78

危機効果　171
記述的規範　229
技術的災害　169
帰属意識　127
機能的距離　103
規範　214, 215
規範的信念　177
ギャップ　197
脅威・挑戦　76
強化　211
競争的状況　50

事項索引　　　243

共通シンボル　105
協力的状況　50
居住ストレス　99
近接相　48
近接手がかり　21

空間知識　25
空間密度　58
空間レイアウト　32
空気環境　123
クラウディング　58, 60
グレア　122, 129

計画的行動理論　213, 218
経路探索　31, 132
結果の認識　215
結果予期　176
健康と安全　122
言語的方法　62
現在地地図　33

公共テリトリー　55, 56
構造マッチング　33, 34, 43
高速道路催眠　17
行動　107, 175
行動する人　10
行動的環境　4
行動的コントロール　79
行動に対する態度　213
行動に対する統制感　213
行動場面　10, 127
コーピング　78
互恵性　230
個人－環境適合　106
個人レベル　106
個性化　57, 97, 98, 126
孤独　61
子供の発達への影響　99
子供部屋　98
誤報効果　183
コミュニティ意識　105, 107, 110, 154, 177
コモンズ　133
孤立感　125
コントロール　9

サ　行

サークル仮説　146
サードプレイス　111
サーベイ知識　28, 29, 34
災害教育　175
災害事象　167, 168
災害発生時期の予測　177
作業のしやすさ　122
座席配置　130
サバンナ仮説　83

視覚的アクセス　32, 41
視覚的断崖　39
士気向上　127
シグニファイア　189
資源・障害の有無の知覚　177
資源増強効果　81
資源の競合　67
自己効力感　176
システム　9
自然監視　150, 151
自然災害　167
持続可能　212
持続時間　167
視認性　122
シノモルフィ　10
社会的規範　229
社会的ジレンマ　210
社会的地位　95
社会的トラップ　210
社会的フェンス　210
社会的要素　107
社会・文化的環境　4
社会密度　58
弱化　211
集団同調性バイアス　183

集団レベル　106
周辺環境　150, 151
主観的規範　213
主観的判断　155
順応　6, 8
順応水準　6
象徴的障壁　150
情緒的つながり　106
情緒的つながりの共有　105
情動焦点型コーピング　79
障壁　221
情報過多　132
情報フィードバック　222
所有意識　116, 151
人員　11
人員過剰　11, 19
人員配置理論　11, 18
人員不足　11, 19, 127
新生態学的パラダイム　215
心的外傷後ストレス障害　170
心的外傷後成長　171
信念　214
神秘性　118
親密　61
親密さの勾配　192
心理過程　106, 107
心理的ウェル・ビーイング　81
森林浴　81

スクリーナー　59, 78
スケッチマップ法　26
ストレス　73
ストレス低減理論　82

生活の質　98
生活変化値　74
正常化バイアス　183
精神的自立　98
生態学的妥当性　22
性犯罪　102
性別　49

責任の拡散　110
責任の帰属　215
責任の知覚　177
窃盗　102
潜在的犯罪者　143
選択コントロール　79

騒音　122
相互作用　16, 168
相互作用主義　16
相互浸透主義　17
ソシオフーガル　190, 191
ソシオペタル　190, 191

タ 行

対人距離　48
体制化　29
第2の災害　178
対比　6
大変動　73, 74, 167
ダウト　217
単純化　29

地位　126
小さな回復体験　81
地位マーカー　126
知覚　21
知覚的流暢性　84
注意　83
注意回復理論　82, 83
調節　8
挑戦　78
地理的環境　4
地理的プロファイリング　146

定位　31, 132
定型的行動　10
ディストリクト　27
堤防効果　171, 172
適合性　84
テリトリアリティ　55, 60, 116, 150

事項索引

テリトリー　55, 98
テリトリーの明確化　151
テレワーク　125
伝統的価値観　215

同化　6
統制　9, 78
統制感　9, 59, 77, 126, 155
逃避・非日常　84
匿名　61
匿名性　102, 109
読解性　118

ナ　行

ナット・ゲーム　216
なわばり意識　55

ニーズの統合と充足　105
2次的評価　76
2次テリトリー　55, 56
日本の象徴　107
人間社会　168
認知　25, 107
認知地図　26
認知的コントロール　79
認知バイアス　173
ニンビー　104

年齢　49

ノード　27
ノンスクリーナー　59, 78

ハ　行

パーソナリティ　49
パーソナルスペース　47, 60, 190
ハーディネス　78
バイオフィリア　83
廃棄物ゲーム　217
背景ストレッサー　73, 76
ハウス　95

激しい魅了　90, 91
場所　106, 107
場所愛着　106
場所に基づく犯罪予防　148
パス　26
パターン　191
パターン・ランゲージ　191
パニック　170
バリア・フリー　194, 196
犯行対象　143
犯罪者プロファイリング　146
犯罪パターン理論　147
犯罪不安　155
犯罪抑止　111
犯罪抑止力　143

ヒートマップ　143
ピクトグラム　205
非言語的方法　62
被災者役割　185
人　106
避難経路　101
日々の厄介事　73, 75
ヒューリスティック　172
標識　32, 33, 41
広がり　84

複雑性　118
副次効果　162
フット・イン・ザ・ドア　228
物理環境　10
物理的環境　4
物理的障壁　150
物理的要素　107
プライバシー　60, 98, 171
フラッシュバック　170
フリーアドレス　125
プルイット・アイゴー　148
プレイスメイキング　207
プロファイリング　145
プロンプト　219

245

分化　32, 41
文化的慣習　62

防犯上の問題　99
ホーソン研究　121
ホーソン効果　121
ホーム　95
補償行動　52
ホットスポット　143
ホットデスキング　125

マ 行
守りやすい空間　150

見知らぬ他者　109
未知性　174
見慣れた他人　110
見晴らし　83
見晴らし－隠れ家理論　83
魅了　84
魅力　50

向き　33, 34
無名の質　191

命令的規範　229
メンバーシップ　105

問題焦点型コーピング　79, 176

ヤ 行
ヤーキス-ドッドソンの法則　123
優しい魅了　91
やりとりのしやすさ　122

ユニバーサル・デザイン　194, 196

抑うつ　125
予測　59
予測困難度　167

ラ 行
ラーニング・コモンズ　134, 209
ライフイベント　73, 74
ランドマーク　27
ランドマーク知識　28

利己的価値観　215
リスク　171
リスク・コミュニケーション　185
リスク知覚　171
リスク認知　171
利他的価値観　215
利便性　109
留保　61
利用可能性ヒューリスティック　164

類似度　50
ルーチン・アクティビティ理論　143
ルート知識　28, 34

レイアウトの複雑さ　32, 41
レンズモデル　21

ワ 行
割れ窓理論　152, 155

英 字
CPTED　151
PTSD　74, 170
QOL　98
VBN理論　214

著者紹介

芝田　征司
しばた　せいじ

1995 年　同志社大学文学部卒業
2003 年　同志社大学大学院文学研究科博士後期課程単位取得退学
2005 年　同志社大学大学院文学研究科博士後期課程修了
　　　　博士（心理学）
現　在　相模女子大学人間社会学部教授

主要著書

"Safety and security in transit environments : An interdisciplinary approach"（分担執筆）
　　（London : Palgrave, 2015）
『自然をデザインする――環境心理学からのアプローチ――』（分担翻訳）（誠信書房，2009）
『心理学概論』（分担執筆）（ナカニシヤ出版，2006）
『こころの科学』（分担執筆）（東洋経済新報社，2003）

心について考えるための心理学ライブラリ=9

環境心理学の視点
――暮らしを見つめる心の科学――

2016年10月10日 ⓒ　　　　初 版 発 行

著　者　芝田征司　　　発行者　森平敏孝
　　　　　　　　　　　印刷者　山岡景仁
　　　　　　　　　　　製本者　小高祥弘

発行所　　株式会社　サイエンス社
〒151-0051　東京都渋谷区千駄ヶ谷1丁目3番25号
営業 ☎(03)5474-8500（代）　　振替00170-7-2387
編集 ☎(03)5474-8700（代）
FAX ☎(03)5474-8900

印刷　三美印刷　　製本　小高製本工業

《検印省略》

本書の内容を無断で複写複製することは，著作者および出版者の権利を侵害することがありますので，その場合にはあらかじめ小社あて許諾をお求めください。

ISBN978-4-7819-1387-2

PRINTED IN JAPAN

サイエンス社のホームページのご案内
http://www.saiensu.co.jp
ご意見・ご要望は
jinbun@saiensu.co.jp まで．